京大学術語彙データベース
基本英単語 1110

京都大学英語学術語彙研究グループ＋研究社

研究社

2009 ©京都大学／研究社

はしがき

　本書は，大学の全学共通教育（教養教育，一般教育）用英単語集として大学生の語彙教育に供するために作成されたものである。日本の大学生の語彙力低下が指摘されるなか，大学生を対象とした英単語集は，大学受験用英単語集に比べ圧倒的に数が少ない。さらに，文学・教育学・法学・経済学といった文系分野から，理学・工学・農学・医学・薬学といった理系分野まで幅広くカバーするものに至っては，皆無といってよい。つまり，学士課程において，大学生が英語学習の拠り所とすべき指針は長い間，事実上存在しなかったわけである。このような背景のもと，本書は企画された。

　本書の掲載語は，京都大学が独自に開発した英語学術語彙データベースから選出されている。同語彙データベースは，京都大学の教員から推薦された英語論文誌に基づき，とりわけ学術研究の下地として必要な英語力とは何か，という問題意識から作成された。英語論文誌の推薦には，京都大学の各学部・研究科から協力を得ることができた。そのため，同語彙データベースに収録された語は文系・理系，特定分野という枠組みを越えて広範囲にわたっている。本書に掲載された基本単語は，同語彙データベースから各語の出現頻度や出現傾向を反映する指標に従って選出された文系・理系共通学術語彙，および文系共通学術語彙，理系共通学術語彙である。したがって，全国の大学生・大学院生にとって，学部や学科を問わず役に立つことはもちろんのこと，実務で英語に携わる社会人にとっても参考になるものと思われる。

　なお，同語彙データベースに係る著作権については，京都

大学発明評価委員会において，京都大学が同著作権を承継する決定がなされた。これにより本書は，京都大学の知的財産（著作物）を利用した文系初の産学連携事業の成果となった。本書に掲載された語の選出については京都大学（英語学術語彙研究グループ）が担当し，各語の意味と用例については研究社（編集部）が担当した。今後さらなる改善が必要となるではあろうが，本書が大学英語教育における新たな試みとして，読者の学術的教養と英語力を高めるための一助となれば幸いである。

平成21年3月
京都大学英語学術語彙研究グループ・研究社編集部

目 次

はしがき ……………………………………………………… 3
京都大学英語学術語彙データベースについて …………… 6
本書の構成 …………………………………………………… 11
単語音声ファイルについて ………………………………… 14
文系・理系共通語彙 ………………………………………… 15
文系共通語彙 ………………………………………………… 127
理系共通語彙 ………………………………………………… 199

索引 …………………………………………………………… 253

京都大学英語学術語彙データベースについて

■掲載語

京都大学では,平成19年度総長裁量経費プロジェクト(「京都大学における英語の学術語彙データベースの構築－全学共通教育と専門教育との有機的連携を目指して－」代表者：北村隆行高等教育研究開発推進機構長)として,各学部・研究科の教職員の協力を得て,京都大学英語学術語彙データベースを開発した(北村・田地野 2008参照)。学術研究の場である京都大学における英語教育は,「学術研究に資する英語教育」(English for Academic Purposes: EAP)を目的としており,「一般学術目的の英語」(English for General Academic Purposes: EGAP)と「特定学術目的の英語」(English for Specific Academic Purposes: ESAP)との連携が図られている。本書は,主として前者(EGAP)を対象としている(図1参照)。

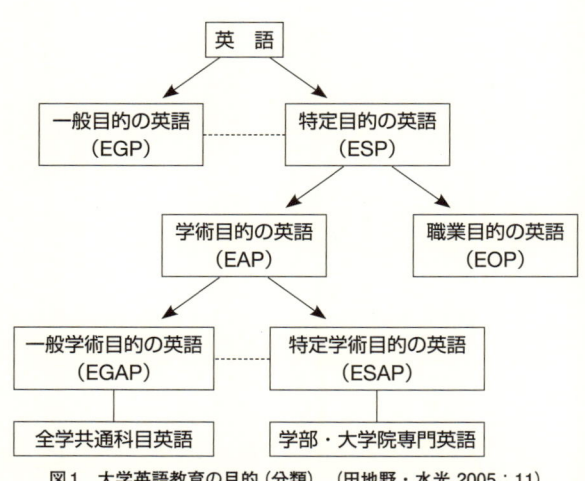

図1　大学英語教育の目的(分類)　(田地野・水光 2005：11)

◼ 語の抽出方法

同語彙データベースは，総合研究大学である京都大学の多様な専門性が反映された総語数1,000万語を越える語彙から構成されている。なお，語の抽出方法は図2のとおりである。

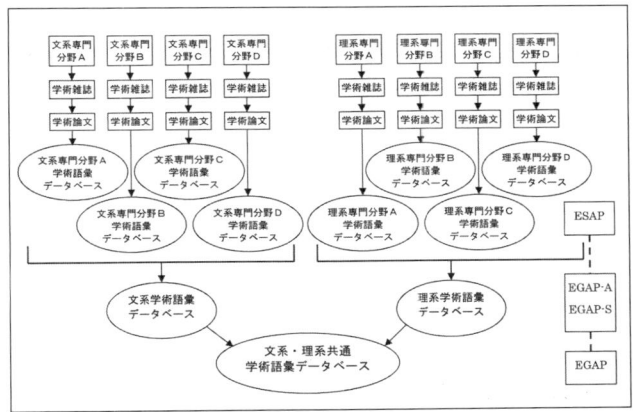

図2　語の抽出方法（田地野他 2008：113を改訂）

まず，京都大学各学部・研究科の専門科目担当教員に，各専門分野の学部生・院生にとって必読と思われる英語学術雑誌（約170種）を選定してもらい，これらの雑誌に近年掲載された学術論文を無作為に抽出することにより，英語学術論文データベースを構築した。次に，同論文データベースに基づいて語彙リストを作成した。続いて，同語彙リストから，日常生活で頻繁に使用される，いわゆる一般語彙（約2,000語）を削除することにより，学術語彙（EAP語彙）を作成した。さらに，同学術語彙の中から，文系・理系共通学術語彙（EGAP語彙），文系共通学術語彙（EGAP-A語彙），理系共通学術語彙（EGAP-S語彙）をそれぞれ抽出した。各語彙リストの開発方法は以下のとおりである（金丸他 2009参照）。

■ 文系・理系共通学術語彙

　文系・理系共通学術語彙（EGAP語彙）とは，専門分野に関係なく学術論文等に共通して使用される語を指す。まず，文系分野・理系分野共に3学部・研究科以上の専門分野学術語彙データベースに共通して出現する語を同語彙データベースから抽出した。次に，文系分野論文における出現頻度と理系分野論文における出現頻度の調和平均をとり，その値の大きい順に2,000語を抽出し，その中から大学教育の観点に基づいて477語を選定した。

■ 文系共通学術語彙と理系共通学術語彙

　文系共通学術語彙（EGAP-A語彙）および理系共通学術語彙（EGAP-S語彙）とは，それぞれ文系分野，理系分野の学術論文等において共通して特徴的に用いられる語を指す。同語彙データベースから学術語彙（EAP語彙）のうち文系・理系共通学術語彙（EGAP語彙）を除外したうえで，文系・理系の各学術語彙の補完類似度を算出し，その値の大きい順にそれぞれ2,000語を抽出した。さらに，大学教育の観点から，文系共通学術語彙（EGAP-A語彙）として311語，理系共通学術語彙（EGAP-S語彙）として322語をそれぞれ選定した。

参考文献

金丸敏幸・笹尾洋介・田地野彰（2009）「京都大学学術論文コーパスを用いた学術語彙リストの作成」,『言語処理学会 第15回年次大会 発表論文集』, pp.737-740.

北村隆行・田地野彰（2008）『平成19年度総長裁量経費プロジェクト「京都大学における英語の学術語彙データベースの構築－全学共通教育と専門教育との有機的連携を目指して－」最終報告書』, 京都大学高等教育研究開発推進機構.

田地野彰・水光雅則 (2005)「大学英語教育への提言－カリキュラム開発へのシステムアプローチ－」,竹蓋幸生・水光雅則(編)『これからの大学英語教育』, pp.1-46. 東京：岩波書店.

田地野彰・寺内一・金丸敏幸・マスワナ紗矢子・山田浩 (2008)「英語学術論文執筆のための教材開発に向けて－論文コーパスの構築と応用－」,『京都大学高等教育研究』, 第14号, pp. 111-121.

謝　辞

　京都大学英語学術語彙データベースの開発には京都大学各学部・研究科の教職員諸氏から協力をいただいた。とくに高等教育研究開発推進機構の北村隆行機構長，および外国語教育専門委員会の鉾井修一委員長と水光雅則元委員（名誉教授）には，同語彙データベース開発プロジェクトメンバーとしてプロジェクトの創設に尽力いただいた。

　外国語教育専門委員会および同委員会英語部会（丸橋良雄部会長）と当時の外国語教育再構造化委員会（丹羽隆昭委員長・現名誉教授）の委員諸氏，また，筆者が所属する高等教育研究開発推進センター（田中毎実センター長），大学院人間・環境学研究科（堀智孝研究科長），とりわけ英語部会と外国語教育論講座の同僚諸氏からはプロジェクトの遂行に際し，励ましの言葉を頂戴した。

　さらに，教育推進部共通教育推進課の山本淳司課長と岡田和男前課長をはじめ，同課職員諸氏にはプロジェクトの実施・運営面で協力いただき，産官学連携センター知的財産室の中川勝吾弁理士には同語彙データベースの開発段階から知的財産権を中心に企画・交渉面で尽力いただいた。また，各種データの整理には，学部生・院生諸氏の協力を得た。最後に，プロジェクトの成果である同語彙データベースを活用した本書の企画・編集には，研究社の小酒井雄介氏，川田秀樹氏，松原悟氏が当たられた。ここに記して，感謝申し上げる。

平成 21 年 3 月
京都大学英語学術語彙データベース開発リーダー
田地野　彰

本書の構成

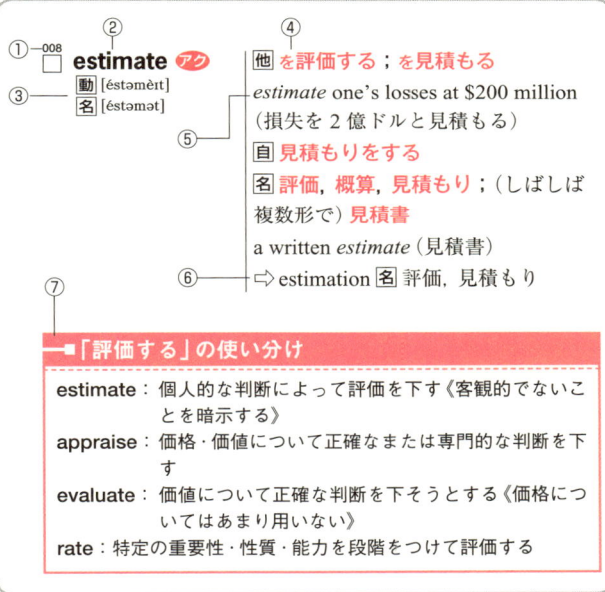

① **通し番号**…文系・理系共通語彙，文系共通語彙，理系共通語彙ごとの連番です。

  ＊到達度がわかるように25%，50%，75%の時点で到達ゲージを表示しています。

② **見出し語**

③ **発音記号**…『ルミナス英和辞典』（研究社）の表記に依ります。原則として米国式の発音のみを掲載しました。

④ **語義**…品詞ごとに表示しています。似た意味は「，」で，大きく異なる意味は「；」で区切ってあります。

⑤ **用例**…用例とその和訳です。見出し語はイタリックにしています。

⑥ **派生語**…見出し語の派生語です。

⑦ **コラム**…そのページに登場する見出し語の意味の使い分けやコロケーションをまとめています。

本書で使用している記号

■ 品詞の表示

[動] 動詞　　　[自] 自動詞　　　[他] 他動詞　　　[名] 名詞
[形] 形容詞　　[副] 副詞　　　　[前] 前置詞　　　[接] 接続詞
[接頭] 接頭辞　[接尾] 接尾辞

■ 関連情報の表示

★　語法，関連情報など
=　同意語　　　⇔　反意語
⇨　派生語
[発音]　発音に注意すべき語
[アク]　アクセントに注意すべき語
[　]　言い換え可能
(　)　省略可能；用法・意味などの補足
《　》　スピーチレベル，意味などについての解説
〈　〉　見出し語と結びつく前置詞など
《米》 米国用法　　《英》 英国用法
to *do*　to 不定詞　　　*do*ing　動名詞・現在分詞

■ 分野別専門語ラベル

分野名の「学」を省略して表示しています。
表示名自体が略語，もしくは独特なものには次のものがあります。

- [歯] 歯学，歯科
- [商] 商業
- [情報] 電算，コンピューター
- [電子] 電子工学
- [法] 法学，法律

発音記号表

母 音 (vowels)		子 音 (consonants)	
記号	例	記号	例
[i:]	east [í:st]	[p]	pen [pén]
[i]	happy [hǽpi]	[b]	big [bíg]
	radio [réɪdiòʊ]	[t]	tea [tí:]
[ɪ]	ink [íŋk]	[d]	day [déɪ]
	pocket [pákɪt]	* [t] [d] は米音では「ラ行」のように発音されることを示す。	
[e]	end [énd]		
[æ]	hand [hǽnd]		
[ɑ:]	father [fá:ðɚ]		
[ɑ]	top [táp]	[k]	key [kí:]
[ɔ:]	all [ɔ́:l]	[g]	get [gét]
[u:]	food [fú:d]	[f]	face [féɪs]
[u]	actual [ǽktʃuəl]	[v]	very [véri]
[ʊ]	book [búk]	[θ]	three [θrí:]
	educate [édʒukèɪt]	[ð]	this [ðís]
[ʌ]	come [kʌ́m]	[s]	sun [sʌ́n]
[ɚ:]	bird [bɚ́:d]	[z]	zoo [zú:]
[ə]	around [əráund]	[ʃ]	ship [ʃíp]
	China [tʃáɪnə]	[ʒ]	vision [víʒən]
	chorus [kɔ́:rəs]	[h]	hat [hǽt]
	lemon [lémən]	[ts]	cats [kǽts]
	element [éləmənt]	[dz]	reads [rí:dz]
	animal [ǽnəm(ə)l]	[tr]	tree [trí:]
[ɚ]	teacher [tí:tʃɚ]	[dr]	dry [dráɪ]
[eɪ]	eight [éɪt]	[tʃ]	cheap [tʃí:p]
[aɪ]	ice [áɪs]	[dʒ]	joy [dʒɔ́ɪ]
[ɔɪ]	toy [tɔ́ɪ]	[m]	man [mǽn]
[aʊ]	out [áʊt]	[n]	night [náɪt]
[oʊ]	go [góʊ]	[ŋ]	sing [síŋ]
[ju:]	cute [kjú:t]	[l]	leaf [lí:f]
[ju]	manual [mǽnjuəl]	[r]	red [réd]
[jʊ]	popular [pápjʊlɚ]	[j]	yes [jés]
[ɪɚ]	ear [íɚ]	[w]	week [wí:k]
[eɚ]	hair [héɚ]		
[ɑɚ]	arm [áɚm]		
[ɔɚ]	store [stɔ́ɚ]	アクセント記号	
[ʊɚ]	tour [túɚ]	['] 第一アクセント	
[jʊɚ]	pure [pjúɚ]	[ˌ] 第二アクセント	
[aɪɚ]	fire [fáɪɚ]	examination [ɪgzæ̀mənéɪʃən]	
[aʊɚ]	tower [táʊɚ]		

単語音声ファイルについて

京都大学大学院薬学研究科・金子周司教授のご厚意，ご提供によって，本書に収録されたすべての学術語彙に対して，ネイティブの発音による音声が利用できるようになりました。この場に記して，感謝を申し上げます。

・音声ファイルの入手方法

1. iTunes の入手

音声ファイルはインターネット上から入手することができます。音声ファイルは，米 Apple 社の Podcast Store を通じて公開されていますので，同社が無料で公開している iTunes をダウンロードして利用されることをお勧めします。

iTunes を利用する場合は，同ソフトウェアを以下の URL からダウンロードして，ご使用のコンピュータにインストールしてください。なお，iTunes の操作方法については，同ソフトウェアのヘルプや Apple 社のホームページを参照ください。研究社では，ソフトウェアの操作についてのお問い合せには回答できかねますので，あらかじめご了承ください。

iTunes のダウンロード：http://www.apple.com/jp/itunes/download/

2. Podcast の登録

iTunes をインストールしたら，同ソフトウェアを起動して，iTunes Store にアクセスします。本語彙集のための音声を収録した Podcast は「教育：言語コース」のカテゴリーに登録されています。「京大学術語彙データベース・基本英単語 1110」の Podcast 紹介ページから「登録」のボタンを押し，購読を開始することで，音声ファイルが利用できるようになります。

すべてのファイルをダウンロードする場合には，登録した Podcast のコンテクストメニューの中から「すべての入手可能なエピソードを表示」を選択し，すべての音声ファイルを表示してください。その後，個別のエピソードとしてそれぞれの音声ファイルを「入手」ボタンによってダウンロードすることができます。

3. 音声ファイルについて

音声ファイルは，「文系・理系共通語彙」が9つのエピソード，「文系共通語彙」「理系共通語彙」がそれぞれ6つのエピソードに分けられて公開されています。一つの語彙につき，二種類の音声が収録されています。名詞と動詞などでアクセントが異なる場合には，それぞれのアクセントが収録されています。音声は iTunes を利用して，パソコン上で聞くこともできます。また，iPod などの MP3 プレイヤーにコピーして利用することもできます。

※ Apple, iTunes, iPod は米国 Apple Inc. の米国およびその他の国における登録商標または商標です。

文系・理系共通語彙

001 function
[fʌ́ŋ(k)ʃən]

名 機能, 作用；数 関数

The *function* of education is to develop the mind.（教育の本来の目的は精神を発達させることである）

an algebraic *function*（代数関数）

自 機能する, 作用する

function as a lubricant
（潤滑油の役目をする）

⇨ functional 形 機能的な

002 factor
[fǽktər]

名 要素, 要因；数 因数

factor analysis（因子分析（法））

break up a quantity into *factors*
（ある数を因数に分解する）

003 individual
[ìndəvídʒuəl, -dʒʊl]

形 個々の；個人の

in the *individual* case
（個々の場合において）

individual differences（個人差）

名（社会・家族などに対して）個人

⇨ individuality 名 個性, 個人的人格
⇨ individualize 他 を個別化する

004 indicate
[índɪkèɪt]

他 を指す, を指摘する；を示す（= show）；医（ある療法）の必要を示す

indicate an error in the procedure
（手続きの誤りを指摘する）

Sources are *indicated* parenthetically in the text.（出典は本文中で括弧に入れて示されている）

⇨ indication 名 指示；兆候

005 variable
[vé(ə)riəbl]

形 変わりやすい, 変動する

variable species（変異種）

variable quantities（変量）

名 変化するもの；数 変数

independent *variables*（独立変数）

dependent *variables*（従属変数）

006 significant
[sɪgnífɪk(ə)nt]

形 かなりの；重要な, 意義深い（= important）；[統計] 有意な

A *significant* number of people attended the meeting.
(かなり多くの人がその会に出席した)

statistically *significant*
(統計的に有意な)

007 involve
[ɪnvɑ́lv]

他 を含む；（必然的に）を伴う；（人）を巻き込む〈in, with〉

the *involved* parties (当事者たち)

be *involved* in a research project
(研究プロジェクトにかかわる)

⇨ involvement 名 巻き込むこと

008 estimate 発音
動 [éstəmèɪt]
名 [éstəmət]

他 を評価する；を見積もる

estimate one's losses at $200 million
(損失を2億ドルと見積もる)

自 見積もりをする

名 評価, 概算, 見積もり；（しばしば複数形で）見積書

a written *estimate* (見積書)

⇨ estimation 名 評価, 見積もり

009 interaction
[ìntəǽkʃən]

名 相互[交互]作用

strong *interaction* (強い相互作用)

⇨ interact 自 相互に作用する

文系・理系共通語彙

■「評価する」の使い分け

estimate：個人的な判断によって評価を下す《客観的でないことを暗示する》

appraise：価格・価値について正確なまたは専門的な判断を下す

evaluate：価値について正確な判断を下そうとする《価格についてはあまり用いない》

rate：特定の重要性・性質・能力を段階をつけて評価する

010 distribution
[dìstrəbjúːʃən]

名 配分, 配給；分布；[経済] 分配；[商] (商品の) 流通 (機構)

a pattern of age *distribution* for a disease (ある病気に対する年齢分布のパターン)

the *distribution* of profits (利潤の配当)

⇨ distribute 他 を分配する

011 range
[réɪndʒ]

名 範囲, 領域；(ミサイルなどの) 射程 (距離)

within [out of] *range*
(…の (能力の) 範囲内に [を超えて])

a wide *range* of knowledge
(広範囲な知識)

自 変動する；(…に) わたる；(話などが) 及ぶ, 広がる

His studies *range* over many languages.
(彼の研究は数多くの言語にわたっている)

012 potential
[pəténʃəl]

形 可能性のある, 潜在的な

a *potential* market
(将来市場となる可能性のある分野)

名 可能 (性), 将来性, 潜在能力；[電気] 電位

013 region
[ríːdʒən]

名 地方, 地域；(学問などの) 領域, 分野 (= sphere, realm)

a tropical *region* (熱帯地方)

the *region* of moral philosophy
(道徳哲学の領域)

014 issue
[íʃuː]

名 重要な点, 問題 (点)；(出版物などの) 発行；発行物

at *issue*
(論争中で [の], 問題になっている)

the latest *issue* of an academic journal
(学術雑誌の最新号)

文系・理系共通語彙

015 **contrast** アク
名 [kάntræst]
動 [kəntrǽst]

他 を刊行する，を出版する
名 対照，対比，(写真・画面などの明暗の)コントラスト
in *contrast* to [with] ...
(…に対比して，…と対照をなして)
by *contrast*
((前言を受けて)(それとは)対照的に)
他 を対照[対比]させる
contrast A with [to] B
(A と B を対照させる)
自 (…と)よい対照をなす〈with〉
★compare は類似・相違ともに用いるが，contrast は相違についてのみいう

016 **strategy**
[strǽtədʒi]

名 戦略；計画，方策；(具体的な)戦術
★tactics ((個々の戦闘における)戦術)

■「地域」の使い分け

region：かなりの広さをもつ地域で，何かほかと区別する特徴をもつ地域を意味する

district：region よりも小さく，明確な行政的区画，あるいは地域の特徴などによって明らかに区画されている地方などに用いる

area：広い狭いには関係なくある region や district をいくつかに区分した場合の1つの地域

quarter：都市の区分で，同じ種類のものが集まっている地域

zone：用途，生産物，生息している動物，繁茂している植物などで分けた地域

issue のコロケーション

address [face] an *issue* (問題に取り組む[直面する])
avoid [dodge, evade,《略式》duck] the *issue* (問題を回避する)
confuse [cloud] the *issue* (論点をぼかす)
debate an *issue* (問題を討議する)
settle an *issue* (問題を解決する)

learning *strategies*（学習方略）
a cancer prevention *strategy*
（がん予防策）

017 procedure
[prəsíːdʒɚ]

名 (行動の) 手続き, 手順; 法 訴訟手続き; 情報 手続き, プロシージャー

follow standard *procedure*
（手順どおりにやる）
legal *procedure*（訴訟手続き）

018 context アク
[kántekst]

名 (ある事柄の) 情況; 文脈, (文章の) 前後関係

You must see this event in a historical *context*.（この出来事は歴史的脈絡の中で見る必要がある）
in this *context*（このような関係［情況］において；この文脈で）

019 demonstrate
[démənstrèɪt]

他 を証明する (= prove); を実地［実演］説明する

Darwin *demonstrated* the principles of evolution.
（ダーウィンは進化の原理を論証した）
I'll *demonstrate* how this machine works.（この機械の使い方を実際にお見せしましょう）

自 デモをする, デモに参加する
⟨against, for⟩
⇨ demonstration 名 証明, 実演; デモ

020 parameter アク
[pəræmətɚ]

名 (通例複数形で) 限定要素, 要因; 数 パラメーター, 媒介変数; 統計 母数

within the *parameters* of ...
（…の範囲内で）

021 cell
[sél]

名 生物 細胞;（刑務所の）独房, 小部屋; 電池; 情報 セル（★表計算の1ます）

nerve *cells*（神経細胞）
a dry *cell*（乾電池）★cell の集まったものを battery という
copy the formula in *cell* A4 into *cells* B4 and C4（セル A4 の式をセル B4 とセル C4 にコピーする）

022 consistent
[kənsístənt]

形 **(言行・思想などが) 首尾一貫した**（⇔ inconsistent）; **(人が) 言行一致の**
consistent behavior
（首尾一貫した行為）
She is *consistent* in her opinions [actions].（考え [行動] に矛盾がない）
⇨ consistency 名 一貫性, 言行一致

023 feature
[fíːtʃɚ]

名 **(著しい) 特徴, 特色; 呼び物, (新聞・雑誌などの) 特別記事;（複数形で）顔立ち**
have a lot of useful *features*（(物が) 多くの役に立つ特色を備えている）
The journal will run a special *feature* on [about] global warming.
（その雑誌は地球の温暖化についての特別記事を掲載する予定だ）
他 **を呼び物とする; を主演させる; を特集する**

024 correspond
[kɔ̀ːrəspánd]

自 **一致する**（= agree）⟨with, to⟩; **相当する**⟨to⟩; **文通する**⟨with⟩
His expenditures do not *correspond* with [to] his income.
（彼の出費は収入に相応しない）
The U.S. Congress *corresponds* to the British Parliament.（米国で Congress というのは英国の Parliament に当たる）
⇨ correspondence 名 一致, 対応; 通信

文系・理系共通語彙

025 hypothesis
[haɪpάθəsɪs]

名 仮説, 仮定；(議論の) 前提
★複数形は hypotheses
a working *hypothesis*（作業仮説）

026 previous
[príːviəs]

形 (時間・順序が) 先の, 以前の
(= preceding)
a *previous* engagement（先約）
previous to ...
（…の前に, …に先立って）

027 outcome
[άʊtkʌm]

名 (通例単数形で) 結果, 成果
(= result)
the *outcome* of a general election
（総選挙の結果）

028 reveal
[rɪvíːl]

他 を明らかにする, を暴く (= disclose)
(⇔ conceal)；を (はっきりと) 示す (= show)
reveal one's identity
（名を名乗る, 身分を明かす）
Tests *revealed* that there were no dangerous bacteria in the soil.
（検査の結果その土壌には危険な菌が含まれていないことが判明した）
⇨ revelation 名 明らかにすること, 暴露；暴露されたこと；(神の) 啓示

029 definition
[dèfəníʃən]

名 定義 (づけ)；(写真・テレビなどの) 解像度
What is the *definition* of this word?
（この単語の定義はどのようになっていますか）
by *definition*（定義上は）
⇨ define 他 (語句) を定義する

030 phase
[féɪz]

名 (変化・発達の) 段階 (= stage), 局面；相, 位相
他 を段階的に実行する
phase down ...（…を段階的に縮小する）

文系・理系共通語彙

031 **imply**
[ɪmpláɪ]

phase in [out] ...
(…を段階的に組み込む[取り除く])
他 を(必然的に)含む，の意味を含む；
をほのめかす
Silence often *implies* consent.（黙っていることはしばしば賛成を意味する）
⇨ implication 名（通例複数形で）（予想される）影響；含み，暗示
pedagogical *implications*
（教育的示唆）

032 **assumption**
[əsʌ́m(p)ʃən]

名 仮定，想定；法 (他人の債務の)肩代わり

■「理論」の使い分け

theory：ある現象を説明する一般原理
hypothesis：さらに実験するための基礎として試験的に立てた原理
law：一定の条件の下では必ず一定の結果が生じるとする規則

■「様相」の使い分け

phase：あるものや状態のとらえ方；特に変化するものを段階的にとらえた様相
aspect：研究・判断・感情的な反応に関する，ある特定の視点から分析されうる様相
facet：多くの面をもつ（あるいはもつとされる）もののその面の1つ

■「ほのめかす」の使い分け

hint：かなりはっきりしたきっかけを与えて，自分の意向が相手に伝わるようにすること
suggest：与えられた提案・情報などから，微妙な意味を読み取りそれとなく気づかせるようにすること
imply：はっきりとは明示しないが相手が推理を働かせて察することができるようにほのめかすこと。suggest と交換できることも多い

on the *assumption* that ...
(…という仮定のもとに)
make a false *assumption*
(誤った想定をする)
⇨ assume 他 と仮定する；を決め込む；を思い込む

033 equation
[ɪkwéɪʒən]

名 [数] 等式, 方程式；[化] 方程式, 反応式；等しくすること
an *equation* of the first [second] degree
(一[二]次方程式)
simultaneous *equations* (連立方程式)
a chemical *equation* (化学反応式)
⇨ equate 他 を等しくする

034 hence
[héns]

副 それゆえに, 従って (= therefore)；今後
Hence (comes) the name ...
(よって…の名がある)
★動詞なしで文頭に使われることもある
five years *hence* (今から5年後に)

035 conclusion
[kənklúːʒən]

名 結論, 断定；結末 (= end)；(条約などの) 締結
We came to [reached, arrived at] the *conclusion* that the project was a failure. (我々は計画が失敗だったという結論に達した)
in *conclusion* ((文頭において) 最後に)
(= finally)
⇨ conclude 他 と結論を下す；を終える
⇨ conclusive 形 決定的な, 断固たる
 conclusive evidence (確証)

036 culture
[kʌ́ltʃɚ]

名 (精神的な) 文化；教養；[生物] 培養
the *cultures* of East Asian countries
(東アジア諸国の文化)

文系・理系共通語彙

a person of *culture*（教養ある人）
a *culture* of bacteria（細菌の培養）
他 を培養する

037 **construct** アク
動 [kənstrʌ́kt]
名 [kɑ́nstrʌkt]

他 を組み立てる，を建設する
(⇔ destroy)；**数 を作図する**
They *constructed* a building [bridge].
（彼らは建物を建てた［橋をかけた］）
construct a theory
（理論を組み立てる）
名 構造物；**心理 構成概念**
⇨ construction 名 建造，建設；構文
⇨ constructive 形 建設的な

038 **reference**
[réf(ə)rəns]

名 言及；参照；参考文献；人物証明書
make *reference* to ...（…に言及する）
a list of *references*（参考文献一覧）
in [with] *reference* to ...（…に関して）

039 **conduct** アク
動 [kəndʌ́kt]
名 [kɑ́ndʌkt, -dəkt]

他 （業務など）を行う；を指揮する；
物理 （熱・電気など）を伝導する
conduct an investigation [negotiations]
（調査［交渉］を行う）
名 行い，行為
shameful *conduct*（恥ずべき行為）
⇨ conductive 形 伝導性の

040 **derive**
[dɪráɪv]

他 を引き出す，を得る〈from〉；（通例
受身で）由来を尋ねる；化 （化合物）
を誘導する
We *derive* knowledge from books.
（我々は書物から知識を得る）
Many English words are *derived* from
Latin.（英語の単語にはラテン語から
派生しているものが多い）
自 （…に）由来する〈from〉
⇨ derivation 名 由来，起源

041 predict
[prɪdíkt]

他 を予言する，を予報する

No one can *predict* what will happen next.（次に何が起こるのかだれも予言できない）

It was *predicted* that there would be an earthquake.
（地震が起こると予知されていた）

⇨ prediction **名** 予言，予報

042 reaction
[riǽkʃən]

名 反応；反発；化 反応；物理 反作用

What was his *reaction* to this news?
（このニュースに対する彼の反応はどんなでしたか）

reaction to [against] the tax increase
（増税に対する反発）

a chemical *reaction*（化学反応）

action and *reaction*（作用と反作用）

⇨ react **自** 反応する

043 project アク
名 [prɑ́dʒekt]
動 [prədʒékt]

名 計画，事業，プロジェクト

draw up [carry out] a *project*
（計画を立てる[実行する]）

他（通例受身で）を予測する；を投影する

044 initial
[ɪníʃəl]

形 初めの，最初の；語頭の

in the *initial* stage of a disease
（病気の初期の段階に）

If this *initial* assumption is wrong, everything will happen differently.
（この最初の前提が間違っていれば，すべて違ったふうに生じるだろう）

045 stress
[strés]

名（精神的な）圧迫感，ストレス；圧力；強調；アクセント

The examination put a lot of *stress* on him.（その試験が彼にはたいへんな精神的重圧になった）

他 を強調する (= emphasize)
He *stressed* the importance of regular exercise.(彼は定期的に運動をする重要性を強調した)

046 contribution
[kɑ̀ntrəbjúːʃən]

名 貢献；寄付(金),寄贈(物)
〈to, toward〉
his *contributions* to science
(科学に対する彼の貢献)
make an appeal for *contributions*
(寄付金を募る)

047 alternative アク
[ɔːltɚ́ːnətɪv]

形 代わりの；(二つのうち)どちらかを選ぶべき
★時に三つ以上の場合もある
We have no *alternative* method of treatment.(ほかに治療法はない)

文系・理系共通語彙

■「予言する」の使い分け

foretell：未来に何が起こるかを告げる《predict よりも格式ばった語》
predict：知識・経験・推論に基づいて正確に予言する
prophesy：神からの啓示や呪術的な知識に基づいて予言する
forecast：自然現象・天候などについて知識に基づいて今後の見込みを予測する

■「計画」の使い分け

plan：「計画」という意味の最も一般的な語で，漠然とした計画も，精密な最終的な計画も意味する
blueprint：細微な点まで決定された完ぺきな計画
project：想像力や企業精神を働かせた大規模な計画
schedule：計画や手順を具体的に時間順に割り当てたもの，またはその一覧表
design：「技術，技巧」面を強調するが，しばしば「たくらみ」という悪い意味あいももつ
scheme：綿密に計画された陰謀のような悪い意味に用いられることが多い

alternative sources of energy
(代替エネルギー源)

名 代案；二者択一；選択肢

We have only two *alternatives*.
(取るべき道は二つしかない)

⇨ alternatively **副** その代わりに

048 consequence
[kánsɪkwèns]

名 (通例複数形で) **結果, 成り行き**
(= result)；**(影響の) 重要さ**
(= importance)

bear [accept, take] the *consequences*
((自分の行為の)結果に責任を負う[を受け入れる])

in *consequence* of ... (…の結果として)

a matter of no *consequence* to me
(私には重要でないこと)

⇨ consequent **形** 結果の
⇨ consequently **副** その結果, したがって, 必然的に

049 ratio
[réɪʃou]

名 比率, 割合 (= proportion, rate)；
数 比

The *ratio* of 15 to 5 is 3 to 1. = 15 and 5 are in the *ratio* of 3 to 1.
(15対5は3対1に等しい)

in direct *ratio* (正比例して)

050 relevant
[réləv(ə)nt]

形 関連(性)のある (⇔ irrelevant)；**適切な**

collect all *relevant* data
(関連のあるデータをすべて集める)

⇨ relevantly **副** 関連して

051 proposition
[pràpəzíʃən]

名 陳述, 主張；提案；数 命題

defend the *proposition* that all men are created equal (人間はすべて平等に作られているという主張を弁護する)

make a business *proposition*

文系・理系共通語彙

052 **perceive**
[pərsíːv]

(事業案を持ち出す)
⇨ propositional 形 命題の；陳述の
⇨ propose 他 を提案する
他 を知覚する，に気づく；を理解する
perceive potential greatness
(偉人になる可能性を看取する)
⇨ perception 名 知覚，認知
　Learning French enhanced my *perception* of the relativity of language. (フランス語を学ぶことにより言語の相対性について私の認識が高まった)
⇨ perceptive 形 知覚の；明敏な

053 **resource**
[ríːsɔːrs]

名 (通例複数形で) 資源，財源；(複数形で) 資質；(いざという時の) 手段
natural *resources* (天然資源)
inner *resources* (内に秘めた力 [才能])
We were at the end of our *resources*.
(万策尽きていた)

054 **maintain**
[meɪntéɪn]

他 を持続する，を維持する；を主張する
maintain economic stability
(経済の安定を維持する)

■「提案」の使い分け

proposal：受諾を求めて申し出た計画
proposition：特にビジネス上で提案されたもの
suggestion：具体的な考え，企画などの提案
motion：会議，討論などでの公式な提案でその場で賛否を問うもの，動議

---

resource のコロケーション

exploit *resources* (資源を開発する)
share *resources* (資源を共有する)
waste *resources* (資源を浪費する)

He *maintained* the theory to be wrong.
(彼はその理論は間違いだと言い張った)

⇨ maintenance 名 持続, 維持；整備

055 species
[spíːʃiːz]

名 [生物] (分類上の) 種 (しゅ)

★複数形は species

an endangered *species* (絶滅危惧種)
the human *species* = our *species*
(人類)

056 framework
[fréɪmwɜ̀ːk]

名 枠組み, 骨組み；組織, 体制

These principles provide a *framework* for an agreement.
(この原則が合意の枠組みになる)
within the *framework* of ... (…の枠内で)

057 assess
[əsés]

他 を評価する (= evaluate)；を査定する；(税金・罰金)を課す

We must *assess* how important the issues are. (それらの問題がどれほど重要か評価しなければならない)
A sales tax of 5% of the total was *assessed*. (総額の5％が売上税として定められた)

⇨ assessment 名 評価, 査定

058 dimension
[dɪménʃən]

名 (問題などの) 局面 (= aspect)；(通例複数形で) (長さ・幅・厚さの) 寸法；[数] 次元

a social *dimension* (社会的側面)
the third *dimension* (第3次元)

059 interpretation
[ɪntɜ̀ːprətéɪʃən]

名 解釈, 説明；通訳；[情報] (プログラムの) 翻訳

That's only your *interpretation*.
(それはあなただけの解釈です (独りよがりです))
simultaneous *interpretation* (同時通訳)

060 domain
[douméɪn]

⇨ interpret 他 を解釈する；を通訳する

名 分野, 領域；領地；数 定義域；情報 ドメイン

literary works in the public *domain*
(公有財産となった文学作品) ★著作権の喪失した書籍など

061 density
[dénsəti]

名 密度, 密集；物理 濃度, 密度

population *density*（人口密度）
traffic *density*（交通量）
⇨ dense 形 密集した, 濃い

062 survey アク
名 [sə́ːveɪ]
動 [sɚ(ː)véɪ]

名 調査；概観；見渡すこと

conduct [carry out, perform] a *survey*
（調査を実施する）

His essay provides a good *survey* of current trends in broadcasting.
（彼の論文は放送の現在の傾向をうまく概観している）

他（しばしば受身で）を調査する；を概観する

66% of those *surveyed* opposed the bill.（調査した人の66％がその法案に反対だった）
survey the history of a period
（ある時期の歴史を概観する）

063 core
[kɔ́ɚ]

名（物事の）核心, 中心部；芯（しん）；（地球の）中心核

the *core* of the problem
（その問題の核心）
to the *core*（心底まで, 徹底的に）

形 中核となる

core values（最も重要な価値観）
core curriculum（コアカリキュラム）

064 evaluate
[ɪvæljuèɪt]

他 を評価する, を査定する

How do you *evaluate* his ability?

文系・理系共通語彙

(彼の能力をどう評価しますか)
evaluate the cost of the damage
(その損害額を査定する)
⇨ evaluation 名 評価

065 furthermore
[fə́ːðərmɔ̀ər]

副 **なお, そのうえ, さらに**
(= moreover)
Furthermore, the following should be mentioned. (さらにまた次のことに言及しなければならない)

066 correlation
[kɔ̀ːrəléɪʃən]

名 **相関(関係), 相互関係**〈with〉
a strong *correlation* between smoking and lung cancer
(喫煙と肺がんとの間の強い相関関係)
⇨ correlate 自 互いに関係がある
　　　　　他 を関連させる

067 appropriate
形 [əpróupriət] 発音
動 [əpróuprièɪt]

形 **適当な, 適切な** (⇔ inappropriate)
appropriate to the occasion
(その場合にふさわしい)
他 **(金・ものなど)を当てる; を専有する**
Parliament *appropriated* two million pounds for flood control.
(議会は水害対策費として200万ポンドの支出を承認した)
⇨ appropriately 副 適切に, ふさわしく

068 investigate
[ɪnvéstɪgèɪt]

他 自 **(を)調査する, (を)研究する**
We are *investigating* the cause of the accident.
(その事故の原因を調査中である)
investigate the matter minutely
(問題を細かに調査する)
⇨ investigation 名 調査, 研究

069 **equilibrium** [ìːkwəlíbriəm]
名 (力の) 釣り合い, 平衡；均衡；(心の) 平静

the *equilibrium* of demand and supply (需要と供給の均衡)

maintain [lose] one's (emotional) *equilibrium* ((心の) 平静を保つ [失う])

070 **theoretical** [θìːərétɪk(ə)l]
形 理論の, 理論上の；(人が) 思索的な

There is a *theoretical* possibility of life on Mars. (火星に生物がいる理論的な可能性はある)

theoretical physics (理論物理学)
⇨ theory 名 理論；学説

071 **notion** [nóʊʃən]
名 観念, 考え, 意見；(ふとした) 思いつき

This *notion* is backed up scientifically. (この考えは科学的に裏づけられている)

I have no *notion* of doing that. (そんなことをするつもりは全くありません)

072 **attribute** アク
動 [ətríbjuːt]
名 [ǽtrəbjùːt]
他 (結果)を(…の)せいにする⟨to⟩；(性質)が(…に)あるとする⟨to⟩

She *attributed* her failure to illness. (彼女は失敗したのは病気のせいだと

文系・理系共通語彙

■「考え」の使い分け

idea：知的活動の対象 [所産] として心の中に生ずる考え [観念] の意の最も一般的な語。通俗的には, まとまっているいないにかかわらず心に浮かんだ考えを意味する

concept：あるものに関する一般化された考え

conception：concept とほぼ同義だが, 個人個人の心にもっているもので, 一般的な概念として定着してはいない

thought：論理的な思考によって生じる考え

notion：idea とほぼ同義に用いられることもあるが, しばしば漠然とした意図, 不明確な考えを意味する

言った)
They *attribute* diligence to the Japanese people.
(勤勉は日本人の特性だといわれる)
名 属性, 特性
She has all the *attributes* of a good teacher.(彼女は良い教師の資質すべてを持ち合わせている)
⇨ attribution 名 帰すること

073 **criterion**
[kraɪtí(ə)riən]

名 (判断の) 基準, 標準
★複数形は criteria
What are the *criteria* for hiring employees?
(従業員の採用基準は何ですか)
This product fits every *criterion* of safety.(この製品はすべての安全基準に適合している)
criterion-referenced test(目標基準準拠テスト)★norm-referenced test(集団基準準拠テスト)

074 **sequence**
[síːkwəns]

名 連続; ひと続き; (起こる) 順序; 数 列
in alphabetical [chronological] *sequence*
(アルファベット[年代]順に)
the *sequence* of events
(事件の起こった順序)
in *sequence*(順序正しく, 次々と)
⇨ sequential 形 連続した

075 **enhance**
[ɪnhǽns]

他 (質・能力など) を高める, を増す
enhance the flexibility and ease of use
(柔軟性と使い勝手を向上させる)
This invention *enhanced* his reputation.
(この発明で彼の名声は高まった)
⇨ enhancement 名 高揚, 増進

076 coefficient
[kòʊɪfíʃənt]

名 共同作因；[数] 係数；[物理] 係数, 率
a differential *coefficient*（微分係数）
a *coefficient* of friction（摩擦係数）

077 cluster
[klʌ́stər]

名 (同種類のもの・人の) 群れ, 集団
（= group）；(ブドウなどの) 房 (ふさ)；
[天文] 星団
a *cluster* of butterflies（チョウの群れ）
in a *cluster*（群れをなして）
cluster analysis（[統計] クラスター分析）
自 群れをなす
We *clustered* around him.
（私たちは彼の周りに群がった）
他 (通例受身で) を群がらせる

078 induce
[ɪnd(j)úːs]

他 (人) に勧めて…させる；を引き起こす；を帰納する（⇔ deduce）
Taking too much salt may *induce* heart disease.（塩分の取りすぎは心臓病を誘発する）
induce electricity（電気を誘導する）
⇨ inducement 名 誘導するもの, 誘因

079 intervention
[ìnt̬ərvénʃən]

名 仲裁, 介入, 干渉；[金融] 市場介入
government [military] *intervention*
（政府 [軍] の介入）
intervention in another country
（他国への（内政）干渉）
⇨ intervene 自 仲裁する, 介入する

080 regression
[rɪgréʃən]

名 後戻り, 後退, 退化；[心理] 退行；
[数] 回帰；[天文] 逆行
regression analysis（回帰分析）
⇨ regress 自 後戻りする, 退化する；
　[心理] 退行する；[天文] 逆行する
他 [統計] 回帰分析する

081 distinct
[dɪstíŋ(k)t]

形 別の, 異なった；はっきりした, 明瞭な（⇔ vague）

文系・理系共通語彙

They are similar in form, but quite *distinct* from each other. (それらは形は似ているがお互い全く別物だ)
have a *distinct* advantage
(はっきりした利点がある)
⇨ distinguish 他 をはっきり区別する

082 **bias**
[báɪəs]

名 **先入観, 偏見**〈for, against〉;**(心の)傾向**
a *bias* in favor of [against] the arts
(文科系に対するひいき[偏見])
have a *bias* toward ... (…の傾向がある)
他 を一方に偏らせる
To theorize in advance of the facts *biases* one's judgment.
(事実を確かめる前に理論づけをすると判断が偏ってしまう)

083 **confirm**
[kənfɚ́:m]

他 を確かめる;(考えなど)を強める
★進行形なし
The information still needs to be *confirmed*. (その情報はさらに確認を取る必要がある)
The news *confirmed* my suspicions.
(その知らせで私の疑いはいっそう強くなった)
⇨ confirmation 名 確認, 確証

084 **resolution**
[rèzəlúː.ʃən]

名 **決意;決議(案);(問題などの)解決;解像度**
He made a firm *resolution* never to repeat it. (彼は二度とそれを繰り返すまいと固い決心をした)
The committee adopted a *resolution* to build a hospital.
(委員会は病院建設の決議を採択した)
⇨ resolve 他 を解決する;を決意する

文系・理系共通語彙

085 scheme
[skíːm]

名《主に英》(組織立った)計画；陰謀；組織, 機構

a *scheme* for building a new bridge
(新しい橋の建設計画)
devise [think up] a *scheme*(計画を立てる [考え出す]；陰謀をたくらむ)

自他 (を)たくらむ, 陰謀を企てる

He's *scheming* against me behind my back.
(彼は私に反対して陰で策動している)

086 denote
[dɪnóʊt]

他 を表示する, を示す(= indicate)；(語・記号などが)を意味する(⇔ connote)

This map symbol *denotes* historic places.
(この地図の記号は史跡地を示す)

087 ensure
[ɪnʃʊ́ər]

他 を確実にする, を保証する；(人)を守る

The agreement *ensured* a steady supply of oil.(その協定によって石油の安定供給が保証された)
ensure oneself against risk(s)
(危険から身を守る)

088 exhibit
[ɪɡzíbɪt]

他 を展示する；を見せる, を示す

Many famous old paintings are

「偏見」の使い分け

prejudice：恐怖や間違った情報に基づく, 人・グループ・習慣などに対する嫌悪または不信感で, 態度や行動に影響するもの
bias：好意的, 非好意的のいずれの場合もありうる偏見
partiality：一方を他方よりも特に好むこと《格式ばった語》
preconception：十分な情報も得ずに抱く偏った先入観《通例複数形で》
predilection：ある人の経歴・気質などの結果として形成される強い好み《格式ばった語》

exhibited at [in] that gallery.
(その画廊では多くの古い名画が展示されている)

He *exhibited* great talent in his childhood.
(彼は子供のころ大変な才能を示した)

自 展示会を催す

名 展示品；《米》展覧会；[法] 証拠物件[書類]

on *exhibit*（展示されて）

⇨ exhibition 名 展示；展覧会

089 **constraint** [kənstréɪnt]

名 制約するもの（= restriction）**；強制，圧迫；気兼ね**

financial [legal] *constraints*
(財政[法律]上の制約)

by *constraint*（無理に，強いて）

090 **compound** アク
名 形 [kámpaʊnd]
動 [kɑmpáʊnd]

名 [化] 化合物；混合物；合成語

★element（元素）/ mixture（混合物）

a *compound* of oxygen and carbon
(酸素と炭素の化合物)

形 複合の，合成の

a *compound* eye（(昆虫の)複眼）

他 (しばしば受身で) (事態)をいっそうひどくする；を合成する；(利息)を複利で払う

Their plight was *compounded* by an accident.（彼らの窮状は事故のためにいっそうひどくなった）

091 **fund** [fʌnd]

名 資金，基金；(複数形で) 財源；財団

set up a relief *fund*
(救済基金を設立する)

raise *funds* for ...
(…のため資金を集める)

他に資金を供給する；経済(一時借入金)を長期公債する
This university is *funded* by the government.（この大学は政府の助成金を受けている）

092 external
[ɪkstə́ːn(ə)l]

形 **外部の, 外 [外部] からの**
(⇔ internal)；**対外的な**
an *external* examiner（学外試験官）
external trade（海外貿易）
名（複数形で）**外形, 外観**

093 transition
[trænzíʃən]

名 **移り変わり, 移行；過渡期, 変遷期**
a sudden *transition* from autocracy to democracy
（独裁制から民主制への急激な移行）
in *transition*（過渡期にある）
⇨ transitional 形 移り変わる；過渡的な

094 empirical
[ɪmpírɪk(ə)l]

形 **経験的な, 実験 [実証] に基づく**
empirical evidence
（経験に基づく証拠）
empirical philosophy（経験哲学）

文系・理系共通語彙

■「見せる」の使い分け

show：人に見せるの意の最も普通の語
exhibit：公に人の注意を引くように見せることで，物品展示にも，才能などの発揮にも用いる
display：やや格式ばった語で，はっきり見えるように広げるの意で，商品などの陳列にも，感情や才能・無知などをさらけ出すことにも用いる

■「外部の」の使い分け

external：内部と対照して，外から見た「外部」をいう
exterior：物の「外側」「外面」をいい，それが物の一部を構成することを含意する

⇨ empirically 副 経験的に, 経験に基づいて

095 conflict アク
名 [kánflɪkt]
動 [kənflíkt]

名 (意見・利害などの) 衝突, 対立；(新聞で) 争い

an armed *conflict* between two nations (2国間の戦争)

自 (意見・利害などが) 衝突する, 相いれない〈with〉

conflicting experimental results (相反する実験結果)

My interests *conflict* with his. (私の利害は彼の利害と相反する)

096 intensity
[ɪnténsəti]

名 強烈さ, 激しさ, 強さ；[物理] 強度

I was surprised by the *intensity* of his anxiety. (彼があまりにも心配しているのでびっくりした)

intensity of electric current (電流の強さ)

⇨ intense 形 強烈な；激しい

097 monitor
[mánəṭɚ]

名 監視装置, モニター

a heart *monitor* (心臓モニター)

他 を絶えず監視する

monitor a patient's heartbeat (患者の心拍をモニターでチェックする)

098 implement
名 [ímpləmənt]
動 [ímpləmènt]

名 道具, 用具, 器具

agricultural *implements* (農具)

他 (約束など) を履行する, を実行する

There is not enough money to *implement* the mayor's proposal. (市長の提案を実行するだけの金がない)

⇨ implementation 名 履行, 実行

099 equivalent
[ɪkwívələnt]

形 同等の, 同価値の, (…に) 相当する

These two words are *equivalent* in meaning. (この2語は意味が等しい)

One mile is *equivalent* to 1.6 kilometers.（1マイルは1.6キロメートルに相当する）

名 同等物, 同義語

The English *equivalent* of the Japanese "inu" is "dog."（日本語の「犬」に相当する英語は'dog'である）

⇨ equivalently 副 同等に

100 **transformation**
[trænsfəméɪʃən]

名 変形, 変質；(生物) 形質転換；(電気) 変圧；(物理) 変換, 転移, 転換

Public opinion underwent a complete *transformation*.（世論が一変した）

transformation of heat into kinetic energy（熱の運動エネルギーへの転換）

⇨ transform 他 を一変させる

101 **perspective**
[pɚspéktɪv]

名 考え方, 見方；釣り合いのとれた見方；(将来の) 見込み；遠近画法

You must consider the problem from a broader *perspective*.（その問題はもっと広い視野で考えなければならない）

from the *perspective* of ...
（…の視点から見ると）

形 遠近法によった

文系・理系共通語彙

■「道具」の使い分け

implement：ある仕事や目的に必要な器具《くわ・すき・まぐわ・除草器など, **tool** よりも格式ばった語》

tool：主に手仕事のための器具《のこぎり・かんな・のみなど》

instrument：科学や芸術で用いられる, 通例動力のない器具《顕微鏡・コンパス・温度計など》

appliance：特定の目的のために, 特に電気・ガスで動かす道具《洗濯機・皿洗い機など》

utensil：料理・掃除など家庭用の器具または容器《おろしがね・泡立て器・ほうき・なべ・瓶・おけなど》

102 respondent
[rɪspάndənt]

名 (アンケートなどの) 回答者；法 (離婚訴訟の) 被告

形 応じる

103 spatial
[spéɪʃəl]

形 空間の，空間的な，場所の

a child's *spatial* awareness
(子供の空間認識)

⇨ space 名 空間；余地
⇨ spatially 副 空間的に

104 sufficient
[səfíʃənt]

形 十分な，足りる (⇔ insufficient)

There's *sufficient* food to support the population.
(国民を養うだけの十分な食糧がある)

a necessary and *sufficient* condition
(必要十分条件)

名 十分 (な量)

Have you had *sufficient*?
(おなかいっぱい食べましたか)

⇨ sufficiency 名 十分，足りること

105 phenomenon
[fənάmənὰn]

名 現象，事象 (★複数形は phenomena)；(通例単数形で) 驚くべき人 [物] (★通例複数形は phenomenons)

A rainbow is a natural *phenomenon*.
(虹は自然現象だ)

an infant *phenomenon* (神童)

106 electron
[ɪléktrɑn]

名 物理 電子，エレクトロン

★ neutron (中性子) / proton (陽子)

107 deviation
[dìːviéɪʃən]

名 逸脱，偏向〈from〉；統計 偏差

standard *deviation* (標準偏差)

⇨ deviate 自 それる，はずれる

108 proportion
[prəpɔ́ːrʃən]

名 割合，比；部分 (= part)；釣り合い

The *proportion* of women in Parliament is still low. (議会における女性議員の割合はまだ低い)

A large *proportion* of the earth's surface is covered with water.（地球表面のかなりの部分は水におおわれている）

★〜 of の後にくる名詞の単数・複数によって単数または複数扱いとなる

in *proportion* to ...（…に比例して）

他 を釣り合わせる

⇨ proportional 形 比例した

109 **bond**
[bánd]

名 結びつき，きずな；法 契約；証書；結ぶもの；接着剤

a *bond* of friendship（友情のきずな）

a public *bond*（公債）

自 結びつく

他 を接着する

bond a plastic veneer to wood（プラスチック製化粧板を木材に接着する）

110 **segment**
[ségmənt]

名 区分，部分（= section）；数 線分；（円の）弓形

a great *segment* of the media（メディアの大部分）

a *segment* of a sphere（球面弓形）

他 を（部分に）分ける

自 分かれる

⇨ segmentation 名 分割，分裂

111 **underlie**
[ʌ̀ndərlái]

他 の基礎となる，の根底にある；の下にある

★underlie − underlay − underlain；

文系・理系共通語彙

「十分な」の使い分け

enough：特定の目的にとって数量が過不足なくちょうど足りる
sufficient：enough とほぼ同じ意味であるがやや格式ばった語
plenty：あり余るほどあって十分という意味
adequate：特定の目的にとって数量あるいは質が必要最小限だけはある

underlying
the principles which *underlie* our foreign policy
(外交政策の底流をなす根本方針)
A faint note of bitterness *underlay* her words.（彼女の言葉の裏にはかすかなとげがあった）

112 matrix 発音
[méɪtrɪks]

名 **母体, 基盤**；数 **行列, マトリックス**
★複数形は matrices
matrix algebra（行列代数）

113 emerge
[ɪmɚ́ːdʒ]

自 **出てくる, 現れる**；**明らかになる**
The sun *emerged* from behind the clouds.（太陽が雲の陰から現れた）
From our investigations a new fact has *emerged*.（我々の調査から新しい事実が浮かび上がった）
⇨ emergence 名 出現, 発生
⇨ emergent 形 現れ出る, 発生する
　emergent evolution（創発的進化）

114 modify
[mɑ́dəfàɪ]

他 **を修正する**；**を緩和する**；**(語・句)を修飾する**
They had to *modify* their plans.（彼らは計画を変更せざるをえなかった）
A light breeze *modified* the heat.（微風のため暑さが緩和された）
⇨ modification 名 変更, 修正；緩和

115 statistical
[stətístɪk(ə)l]

形 **統計の**；**統計(学)上の**
statistical evidence（統計的な証拠）
⇨ statistically 副 統計的に, 統計上
⇨ statistics 名 統計（学）

116 regime
[rɪʒíːm]

名 （軽蔑的に）**政権, 管理体制**；**摂生, 養生法**（= regimen）
a military [dictatorial] *regime*

(軍事[独裁]政権)
the Parliamentary *regime*(議会制度)

117 **recall**
[rikɔ́:l]

他 を思い出す;《米》(官公吏)を解任する;(欠陥商品)を回収する

I can't *recall* his name.
(彼の名前が思い出せない)
Her story made me *recall* my school days.(彼女の話は私に学校時代のことを思い出させた)
The company *recalled* all the defective engines.(会社はすべての欠陥エンジンを回収した)

名 回想;《米》リコール;(欠陥商品の)回収

a *recall* election(リコール投票)

118 **restrict**
[ristríkt]

他 を制限する,(人の行動など)を限定する

The speed is *restricted* to 50 kilometers an hour here.(スピードはここでは時

文系・理系共通語彙

■「修正する」の使い方

change：一部分または全体を質的に変化させる意味の一般的な語
alter：部分的[表面的]に変化・手直しする
vary：次第に段階的・部分的に変えていく
modify：限定・修正するための変更を意味する
transform：外形と同時にしばしば性格や機能もすっかり変える
convert：新しい用途や条件に合うように大きく変える

■「思い出す」の使い分け

remember：意識的・無意識的にかかわらず過去のことを覚えている[思い出す]こと
recall：remember よりも改まった感じの語で,意識的に過去を思い出すこと
recollect：過去の出来事などの記憶をゆっくりと呼び戻すこと

速50キロに制限されている）
The chair *restricted* the speakers to ten minutes each.（議長は発表者に1人10分の制限を与えた）
⇨ restriction 名 制限，限定

119 **orientation**
[ɔ̀ːriəntéɪʃən]

名（活動・組織などの）志向；（新入生などへの）オリエンテーション，方向づけ

political [religious] *orientation*（政治[宗教]的信条）
The new students get a week's *orientation*.（新入生は1週間のオリエンテーションを受ける）
⇨ orient 他 を方向づける

120 **expose**
[ɪkspóʊz]

他 にさらす；を人目にさらす；を暴露する；（フィルムなど）を露出する

be *exposed* to the rain（雨ざらしになる）
expose oneself to criticism（批判に身をさらす）
expose a crime（犯罪を摘発する）
⇨ exposure 名 さらすこと；露見

121 **facilitate**
[fəsílətèɪt]

他 を容易にする，を楽にする；を促進する
★人を主語として用いない

His father's connections *facilitated* his employment.（彼は父親のコネのおかげで就職が容易だった）
⇨ facility 名 容易さ；（複数形で）設備

122 **spectrum**
[spéktrəm]

名 変動の範囲，幅；[物理] スペクトル
★複数形は spectra

a wide *spectrum* of interests（広範囲の趣味）
a sound *spectrum*（音声スペクトル）

123 trigger
[trígɚ]

名 (銃の)引き金；(事件などの)きっかけ, 誘因〈for〉

他 (銃)の引き金を引く；のきっかけとなる〈off〉；(感情など)を呼び起こす

trigger a response (返答を促す)

The landslide was *triggered* by a heavy rain.
(がけ崩れは豪雨によって起こった)

124 stable
[stéɪbl]

形 安定した；しっかりした
(= steady) (⇔ unstable)

Prices are fairly *stable* now.
(今は物価がかなり安定している)

a *stable* character (しっかりした人物)

⇨ stability 名 安定, 確固
⇨ stabilize 他 を安定させる 自 安定する

125 discourse
[dískɔːrs]

名 談話；講話, 講演

discourse analysis (談話分析)
public *discourse* (公開討論)

自 演説[論述]する, 話す〈on, upon〉

■「制限する」の使い分け

limit：制限を設けること
restrain：欲求・感情・行動などを抑えること
restrict：人の活動を禁止・制約することで, restrain よりも制限する力が強い

■「講演」の使い分け

speech：集会などで聴衆に向かってする講演
address：かなり著名な人物によって周到に準備され, 儀式ばった際に行われる演説
talk：くだけた講話
discourse：特定のテーマについて周到に準備された長い講演
oration：特に美辞麗句を連ねた形式ばった公式の講演《格式ばった語》

文系・理系共通語彙

126 isolate
[áɪsəlèɪt]

他 を孤立させる；(伝染病患者など)を隔離する；電気 を絶縁する

isolate oneself from society
(世間と一切の交際を絶つ)

politically *isolated*
(政治的に孤立して)

⇨ isolation 名 孤立，分離

127 layer
[léɪɚ]

名 層，重なり；地質 地層

the ozone *layer*（オゾン層）

A *layer* of volcanic ash covered the streets.（火山灰が通りを薄くおおった）

他 を層にする
自 層をなす

128 apparent
[əpǽrənt]

形 明白な，はっきりした；表面上の，見かけの

The fact is *apparent* to everyone.
(この事実はだれにでも明白だ)

★heir apparent（名 法 法定（推定）相続人；確実な継承者〈to〉(複数形は heirs apparent)）

⇨ appear 自 現れる；(…のように)見える

129 dominant
[dάmənənt]

形 支配的な，優勢な；生物 優性の

the *dominant* party（第一［多数］党）

名 主要［優勢］な物；生物 優性形質

⇨ dominate 他 を支配する；に優位を占める

⇨ dominance 名 優越，優勢

130 assembly
[əsémbli]

名 議会；(the A- で)《米》(州議会の)下院；集会；(部品の)組み立て

a legislative *assembly*（立法議会）
a morning *assembly*（朝礼）
an *assembly* line（組み立てライン）

⇨ assemble 他 を集める；を組み立てる

131 novel
[nάv(ə)l]

自 集まる

形 目新しい (= new)
a *novel* proposal (目新しい提案)
⇨ novelty 名 目新しさ, 珍しさ
名 (長編)小説
★短編小説は short story
a popular *novel* (大衆小説)

132 fraction
[frǽkʃən]

名 断片, わずかな部分, 少量；[数] 分数, 小数
★numerator (分子) / denominator (分母) / integer (整数)
for a *fraction* of a second
(ほんの一瞬(の間))
a decimal *fraction* (小数)
⇨ fractional 形 わずかの

133 aggregate 発音
名形 [ǽgrɪgət]
動 [ǽgrɪgèɪt]

名 集合(体)；総計；(コンクリートの)骨材
in (the) *aggregate* (全体として)
形 集合的な；総計の
aggregate income (総収入)
他 総計(…と)なる
自 集まる

134 protocol
[próʊṭəkɔ̀ːl]

名 外交儀礼, 典礼；条約原案, 議定書；[情報] プロトコル (データ通信の手順)
the Kyoto *Protocol* ((地球温暖化防止のための)京都議定書)

文系・理系共通語彙

■「集まり」の使い分け

meeting	「集まり, 会合」の意の最も一般的な語。公式・非公式の別や会の目的・規模などに関係なく, 二人以上の集まりに用いられる
gathering	やや格式ばった語で, 三人以上の非公式で主として社交的な集まり
assembly	多人数が計画に従って集まる組織化された集会

a file transfer *protocol*
(ファイル転送プロトコル)

135 incorporate
[ɪnkɔ́ərpərèɪt]

他 **を組み入れる；を合同させる；**[法] **を法人組織にする**
★進行形なし
incorporate his suggestions in(to) the plan (計画に彼の提案を織り込む)
incorporate one firm with another (一商社をほかの商社と合体させる)
自 **合同する，合併する；法人組織になる**
⇨ incorporation 名 合同，合併

136 specify
[spésəfàɪ]

他 **を詳しく述べる[記す]；を特定する**
He *specified* the reasons for the failure. (彼は失敗の理由を細かに指摘した)
Do it this way unless otherwise *specified*. (ほかに指定がなければそれはこのようにしなさい)
⇨ specific 形 特定の
⇨ specification 名 明細書，設計書，仕様書

137 regulatory
[régjʊlətɔ̀ːri]

形 **規制する，取り締まる；調節する**
⇨ regulate 他 を規制する；を調節する

138 optimal
[ɑ́ptəm(ə)l]

形 **最上の，最適の，最善の** (⇔ pessimal)
⇨ optimally 副 最適に

139 emission
[ɪmíʃən]

名 **(光・熱・ガスなどの)放射，発散，排出；放射物，排出物**
emission control (排気規制)
auto *emissions* (自動車の排気ガス)
⇨ emit 他 (光・熱・ガスなど)を放射する

140 vector
[véktər]

名 [数] **ベクトル；**[生物] **ベクター**
vector analysis (ベクトル解析)
他 **(飛行機・ミサイルなど)を電波によって誘導する**

141 commission
[kəmíʃən]

名 (しばしば C- で) **委員会；委任，委託；手数料**

appoint a *commission*
(委員を任命して委員会を発足させる)
a *commission* of inquiry (調査委員会)
in *commission* (委任を受けた)

他 **に委託する，に依頼する**

The university *commissioned* the artist to paint a portrait of the Nobel laureate.
(大学はその画家にノーベル賞受賞者の肖像画を描くよう依頼した)

142 theorem
[θíːərəm]

名 [数] **定理；一般原理，法則** (= rule)
★axiom (公理)
the polynomial *theorem* (多項定理)

143 integrate
[íntəgrèɪt]

他 **を統合する，をまとめる**
(⇔ segregate)；[数] **を積分する**

The theory *integrates* his research findings. (その理論は彼の研究結果をまとめたものである)
integrate immigrants into the community
(移民を地域社会に溶け込ませる)

自 **統合される**

⇨ integration 名 統合，統一

144 conventional
[kənvénʃ(ə)nəl]

形 **従来の，伝統的な** (= traditional)；**因習的な，型どおりの**

a *conventional* method (伝統的な方法)
conventional neutrality (条約中立)

⇨ conventionally 副 慣習的に

145 mediate 発音
動 [míːdièɪt]
形 [míːdiət]

他 自 **(を)調停する，(を)仲裁する**
mediate a treaty
(調停して条約を結ぶ)
mediate between the two parties
(当事者双方の調停をする)

形 **仲介の，間接の**

文系・理系共通語彙

⇨ mediation 名 調停, 介入

146 crucial
[krúːʃəl]

形 **決定的な, 非常に重要な** (= critical)
a *crucial* moment (決定的瞬間)
This is *crucial* to [for] our future.
(これは我々の将来にとって非常に重要なことだ)
⇨ crucially 副 決定的に, 重大に

147 velocity
[vəlɑ́səti]

名 **速さ, 速力** (= speed); 物理 **速度**
★speed に対して velocity は方向をも含む場合が多い
gain [lose] *velocity*
(速度を増す[落とす])
at the *velocity* of sound
(音の速度で, 音速で)

148 coordinate 発音
動 [kouɔ́ːrdənèit]
名形 [kouɔ́ːrdənət]

他 **を調整する；を調和させる**
How shall we *coordinate* these two projects? (この二つの計画をどう調整したらよいだろうか)
自 **調和する；協調する**〈with〉
名 (複数形で) **コーディネート**; 数 **座標**
形 **同等の, 同格の**
★subordinate (従属の)
a man *coordinate* with him in rank
(彼と同じ階級の人)
⇨ coordination 名 調整；協調
⇨ coordinative 形 同等の

149 rupture
[rʌ́ptʃər]

名 **破裂；決裂, 仲たがい**〈between, with〉
the *rupture* of a blood vessel
(血管の破裂)
come to a *rupture* ((交渉が)決裂する)
他 **を破る, を裂く；(関係など)を断絶させる**

rupture friendship（絶交する）
自 裂ける, 破裂する

150 **thereby** [ðèɚbáɪ]
副 それによって
Great advantages would *thereby* accrue to the research institute.
（そのために研究所は大なる利益を受けることになるだろう）

151 **median** [míːdiən]
名 [統計] 中央値（★mean（平均値）／mode（最頻値））; [数] 中点, 中線
形 中央の, 中間の; [数] 中線の
the *median* line（中線）
the *median* nerve（正中神経）

152 **cognitive** [kágnəṭɪv]
形 認識の, 認知の
cognitive psychology（認知心理学）
cognitive power（認識力）
⇨ cognitively 副 認知的に

153 **retain** [rɪtéɪn]
他 を保つ, を維持する; を忘れないで覚えている
retain one's dignity [pride]
（威厳［誇り］を失わない）
This sandy soil cannot *retain* enough moisture.（この砂地では水分を十分保持できない）
⇨ retention 名 保有, 保持
⇨ retentive 形 保持力のある

文系・理系共通語彙

■「保つ」の使い分け

keep：ある物を持ち続ける, 最も一般的な語
retain：改まった感じの語で, しっかり保持して失うまいとする気持ちを暗示する
withhold：保持しておいて, 差し出す［与える］のを断わる気持ちを表す
reserve：保留する, または将来のために取っておく

154 finite
[fáɪnaɪt]

形 限定されている, 有限の (⇔ infinite); 文法 定形の

our *finite* intelligence
(我々の限りある知力)

a *finite* number [decimal]
(有限個 [小数])

155 norm
[nɔ́ərm]

名 (通例 the ～で) 標準; (複数形で) 規範; ノルマ

Working women are the *norm* in that nation.
(その国では働く女性が標準だ)

the *norms* of civilized society
(文明社会の規範)

⇨ normal 形 標準の; 正常の

156 explicit
[ɪksplísɪt]

形 明示的な (= clear) (⇔ implicit); (表現が) あからさまな

an *explicit* statement (明確な陳述)

⇨ explicitly 副 明示的に
　to state the point more *explicitly*
　(要点をもっと明確に述べると)

157 configuration
[kənfìgjʊréɪʃən]

名 配置, 地形, 輪郭; 情報 (システムの) 設定

the *configuration* of the earth's surface
(地表の形状, 地形)

the physical *configuration* of the system
(システムの物理的な (機器) 構成)

158 dependence
[dɪpéndəns]

名 頼ること, 依存 (= reliance) (⇔ independence); 信頼; 医 依存 (症)

mutual *dependence* (相互依存)

Japan's *dependence* on imported oil
(日本の輸入石油依存)

⇨ depend 自 (…を) 頼りにする 〈on, upon〉

159 genetic
[dʒənétɪk]

形 遺伝子の；遺伝学的な；起源の
genetic diseases（遺伝病）
⇨ gene 名 遺伝子
⇨ genetically 副 遺伝子的に；遺伝学的に

160 evident
[évədənt]

形 明らかな，明白な；はっきり表れて
an *evident* mistake（明らかな間違い）
a self-*evident* axiom（自明の理）

161 emphasize
[émfəsàɪz]

他 を強調する；を目立たせる
He *emphasized* the need for strong measures.
（彼は強硬手段の必要性を強調した）
I hardly need to *emphasize* the point.
（その点は強調するまでもない）
⇨ emphasis 名 強調

162 considerable
[kənsídərəbl]

形 かなりの，相当な（= substantial）
（⇔ inconsiderable）；考慮に入れるべき
a *considerable* difference

文系・理系共通語彙

■「明示的な」の使い分け

explicit：（陳述・規則などが）明瞭に表現されていて，全くあいまいさがない
express：（命令・希望などが）強制力をもつほどにはっきりと明確に述べられた《格式ばった語》
definite：完全に明瞭で細部にまでも疑問を差しはさむ余地がない
exact：細部の一つ一つまで完全に正確な
precise：正確に述べられた

■「明白な」の使い分け

obvious：はっきりしていてだれでも知覚[理解]できる
apparent：一見してそれとわかるほど，または少し考えればすぐにわかるほど明瞭な
evident：外面的事実や状況から明らかな
clear：混乱の余地がないほどすっきりした
plain：単純明解である

(かなりの相違)
a *considerable* sum of money
(相当な金額)
⇨ considerably 副 相当に, ずいぶん

163 **vertical**
[vɚ́ːtɪk(ə)l]

形 垂直の, 縦の；(身分関係などが)縦の；[経済] 垂直的な
★horizontal (水平な)
★vertical はほぼ垂直の上昇(または下降)に, perpendicular は垂直の下降または上昇に用いられることが多い
a *vertical* line (垂直線, 縦の線)
a *vertical* society (縦割り社会)
名 (the 〜で) 垂直線；垂直面

164 **precede**
[prɪsíːd]

他 に先んずる (⇔ follow)；に優先する
Lightning *precedes* thunder.
(稲妻は雷鳴より先に来る)
This duty *precedes* all others. (この義務はほかのすべての義務に優先する)
自 先立つ, 先行する
the words that *precede*
(その前にある語句)
⇨ precedence 名 (時間・順序などが) 先立つこと
⇨ precedent 形 先行する 名 先例

165 **embed**
[ɪmbéd]

他 (しばしば受身で) を埋める, をはめ込む；を(心などに)深く留める
embed a graphic into a document
(文書に画像を埋め込む)
The experience was *embedded* in his memory. (その経験は彼の記憶の底に留まっていた)

166 **subsequently**
[sʌ́bsɪkwəntli]

副 その後, 後に (= afterward)；(…に) 続いて 〈to〉
Subsequently, he became famous.

(その後彼は有名になった)
an ancient species that *subsequently* diverged into several types (その後いくつかの型に分かれた太古の種(しゅ))

167 extract アク
動 [ɪkstrǽkt]
名 [ékstrækt]

他 を引き抜く；を抽出する；を引き[聞き]出す；[数] 根(こん)を求める
extract a tooth (歯を抜く，抜歯する)
extract poisons from plants
(植物から毒物を取り出す)
extract data from HTML files
(HTML 形式のファイルからデータを抽出する)
名 抽出物；エキス；抜粋
glandular *extract* (腺エキス)

168 rational
[rǽʃ(ə)nəl]

形 理性のある；合理的な
(⇔ irrational)
the *rational* faculty (推理力)
a *rational* explanation (合理的な説明)
名 [数] 有理数 (= rational number)
⇨ rationality 名 合理性
⇨ rationalize 他 を合理的に説明する

169 trait
[tréɪt]

名 特性，特色，特徴
national *traits* (国民性)
develop antisocial *traits*
(反社会的な特性をもつようになる)

文系・理系共通語彙

■「理性のある」の使い分け

rational：論理的に考える能力のある。しばしば感情的な面が取り除かれていることを暗示する
reasonable：行動・決定・選択などが実際的・正当・公平・客観的であることを示す。rational より常識的で穏当な感じを与える
sensible：すぐれた知性・理性と健全な常識をもっていることを表す

170 conceptual
[kənséptʃuəl]

形 **概念の，概念的な**
⇨ concept 名 概念，考え

171 quantum
[kwάntəm]

名 物理 **量子**；**量**；**(特に) 少量**
★複数形は quanta
quantum mechanics（量子力学）
There's not the least *quantum* of proof.
（わずかな証拠もない）
形 **飛躍的な，画期的な**
a *quantum* improvement in quality
（質の飛躍的改善）

172 comprise
[kəmpráɪz]

他 **(部分が) を構成する**（= consist of）
a committee *comprised* of ten members
（10人から成る委員会）
People of 65 and over *comprise* 15% of the population.（65歳以上の人が人口の15%を構成している）

173 occurrence
[əkə́ːrəns]

名 **(事件などの) 発生**；**出来事，事件**
the *occurrence* of a fire（火事の発生）
the unexpected *occurrences* of life
（人生における思いがけぬ出来事）
⇨ occur 自 起こる，生じる

174 sphere
[sfíə]

名 **球，球体**；**分野**；**(活動などの) 範囲**（= range）
The earth is not a perfect *sphere*.
（地球は完全な球形ではない）
She is active in many *spheres*.
（彼女は多くの分野で活躍している）
a *sphere* of activity（活動範囲）
⇨ spherical 形 球形の

175 amplitude
[ǽmplət(j)ùːd]

名 物理 **振幅**；**広さ，大きさ**；**豊かさ**
⇨ ample 形 余るほど十分な

176 commitment
[kəmítmənt]

名 **約束，公約**；**献身，傾倒**；**責任**
The government must respect its *commitments* to welfare programs.

(政府は福祉計画の公約を尊重せねばならない)
political *commitment*（政治への傾倒）
⇨ commit 他（〜 oneself で）（責務などを）引き受ける〈to〉

177 fragment 発音
名 [frǽgmənt]
動 [frægmént]

名 **破片, 断片；（詩歌の）断章**
in *fragments*（断片となって；断片的に）
fragments of Greek verse
（ギリシャ詩の断章）

自 **ばらばらになる, 分解する**
fragment into small pieces
（粉々に壊れる）

他 **をばらばらに壊す, を分解する**

178 threshold
[θréʃ(h)òuld]

名 **敷居；入口** (= entrance)**；（通例単数形で）始め, 発端；** 心理 **閾（いき）**
cross the *threshold*
（敷居をまたぐ, 家に入る）
You are on the *threshold* of a new life.

文系・理系共通語彙

■「含む」の使い分け

include：全体の中の部分的な要素として含む
comprehend：あるものの範囲や限界の中に含む《格式ばった語》
comprise：全体をなすすべての要素として含む
embrace：特にその中に含まれているものの多様性や範囲の広さを強調する
involve：原因とその必然的結果のような関係で含む

■「出来事」の使い分け

occurrence：起こったこと《一般的な語》
happening：思いがけない出来事《occurrence より平易な語》
event：比較的重要なまたは注目すべき出来事
incident：あまり重要でない出来事で, 偶然に, または重要な event に付随して起こったもの
episode：一連の event の中の一つの event

(皆さんは新しい人生の入口に立っています)

179 methodology
[mèθədálədʒi]

名 **方法論**；**方式**
research *methodology*（研究方法）
⇨ methodologist 名 方法論学者

180 appendix
[əpéndɪks]

名 医 **虫垂**（= vermiform appendix）；**(巻末)付録**；**付加物**〈to〉
★複数形は appendixes / appendices
have one's *appendix* out
（盲腸を取ってもらう）

181 ultimately
[ʌ́ltəmətli]

副 **最後には, 結局は**（= finally）；**究極的には**
They *ultimately* decided not to go.
（彼らは結局行かないことにした）
Ultimately, we agreed to his proposal.
（結局, 我々は彼の提案に同意した）
⇨ ultimate 形 究極の

182 synthesis
[sínθəsɪs]

名 **総合, 統合**（⇔ analysis）；**統合体**；化 **合成, 化合**
★複数形は syntheses
⇨ synthetic 形 合成の, 人造の
⇨ synthesize 他 を統合する；を合成する

183 intrinsic
[ɪntrínzɪk]

形 **本来備わっている, 固有の**（⇔ extrinsic）；医 **内在性の**
the *intrinsic* value of gold
（金の本来価値）
intrinsic motivation（内発的動機づけ）
★extrinsic motivation（外発的動機づけ）
⇨ intrinsically 副 本質的に；本来

184 predicate 発音
名 形 [prédɪkət]
動 [prédɪkèɪt]

名 **述部, 述語**
形 **述部の, 述語の**
a *predicate* adjective（叙述形容詞）
他（通例受身で）**を(ある根拠に)基づ**

185 sustain
[səstéɪn]

かせる〈on〉；と断定する
My theory is *predicated* on recent findings.（私の理論は新しい研究成果に基づいている）
⇨ predicative 形 断定的な；述語的な

他 を維持する，を持続させる（= maintain）；（損害など）を受ける；を支える
sustain efforts（努力を続ける）
sustain a family（家族を扶養する）
sustain a great loss（大損害をこうむる）
⇨ sustenance 名 生計，暮らし；食物
⇨ sustainable 形 持続可能な

186 sediment
[sédəmənt]

名 沈殿物，おり；[地質] 堆積物；[医] 沈渣
urinary *sediment*（尿沈渣）
他 自 (を)沈降[沈澱]させる[する]
⇨ sedimentary 形 沈殿物の，堆積（物）の
sedimentary rock（堆積岩）

187 diversity
[dɪvə́ːrsəti]

名 多様性（= variety）；種々，雑多；相違（点）
biological *diversity*
（生物（学的）多様性）
There is a *diversity* of opinion as to the matter.
（その事については種々の意見がある）
⇨ diverse 形 種々の；異なった

188 marginal
[mɑ́ːrdʒɪn(ə)l]

形 わずかな；周辺的な；重要でない；欄外の；限界の；[経済] 限界収益点の
a *marginal* problem
（中心をはずれた問題）
marginal notes（欄外の注）
marginal revenue（限界収入）

⇨ margin 名 へり；余白；商 利ざや

189 allocation
[æ̀ləkéɪʃən]

名 割当額 [量]；割り当て，配給；会計 (費用の) 配分

allocation of disk space among volumes
(ディスクスペースのボリューム間での配分)

⇨ allocate 他 を割り当てる

190 incentive
[ɪnséntɪv]

名 刺激, 誘因, 動機 (⇔ disincentive)；奨励金

The students have no *incentive* to work harder. (学生たちにはもっと勉強しようという励みになるものがない)

形 刺激的な, 鼓舞する

incentive goods [articles] (報奨物資)

191 consensus
[kənsénsəs]

名 (意見の) 一致；合意

a *consensus* of opinion
(意見の一致；世論)

reach (a) *consensus* on [about] ...
(…について合意に達する)

192 cohort
[kóʊhɔɚt]

名 仲間, 相棒；統計 群, コーホート；生物 コホート

193 differentiate
[dìfərénʃièɪt]

他 を区別する, を差別化する；数 を微分する

differentiate one from another
(甲と乙に差異を認める)

自 区別する；差異を認める

I can *differentiate* between the genuine and the false.
(本物と偽物を区別することができる)

⇨ differentiation 名 区別, 識別；数 微分

⇨ different 形 異なる

194 approximation
[əprɑ̀ksəméɪʃən]

名 概算；接近（すること）；数 近似値

a rough *approximation*
（大ざっぱな見積もり額）
This is a close *approximation* to the truth.（これはごく真実に近い）
⇨ approximate 形 おおよその
⇨ approximately 副 おおよそ

195 designate 発音
動 [dézɪgnèɪt]
形 [dézɪgnət]

他（通例受身で）を指名する；を（明確に）示す；を（…と）呼ぶ〈as〉

He has been *designated* (as) my successor.
（彼は私の後継者に指名された）
The red lines on the map *designate* main roads.（この地図で赤線は主要な道路を示している）

形（名詞の後に置いて）指名を受けた
the ambassador *designate*
（任命後未就任の大使）
⇨ designation 名 指名；指示

196 compliance
[kəmpláɪəns]

名（要求・命令などへの）応諾, 服従；追従（しょう）；（法令）遵守, コンプラ

文系・理系共通語彙

■「誘因」の使い分け

motive：人にある行動をとらせる内的な衝動
incentive：ある行動をさせる，あるいはいっそうの努力をうながす刺激となるもの
inducement：人に行動をとらせる外部からの誘因，特に金銭的なもの

■「識別する」の使い分け

distinguish：ある特徴によって（ある物を）ほかから識別する
discriminate：似通ったものの間の微細な差異を識別する
differentiate：特徴を詳細に比較して，紛らわしい物の間の特殊な差異を見分ける

イアンス

in *compliance* with ... (…に従って)

⇨ comply 自 応じる，従う

197 depict [dɪpíkt]

他 を (絵画などに) 描く；を (言葉で) 描写する

The paintings *depict* famous stories from the Bible. (それらの絵には聖書の有名な話が描かれている)

In her book she *depicts* her father as a tyrant. (彼女は自分の本で父を暴君のような人として描いている)

198 valid [vǽlɪd]

形 有効な；法 法的に効力のある (⇔ invalid)；根拠の確実な

a ticket *valid* for two days
(2日間有効の切符)

a *valid* reason [excuse]
(もっともな理由 [言い訳])

⇨ validate 他 を (法律的に) 有効にする

⇨ validity 名 妥当性

199 thesis [θíːsɪs]

名 論旨，論点；命題，テーゼ；(学位) 論文

★複数形は theses

a master's *thesis* (修士論文)

a doctoral *thesis* (博士論文)

200 robust [roʊbʌ́st]

形 たくましい，丈夫な；強固な；(ワインなどが) こくのある

a *robust* constitution (頑丈な身体)

a *robust* intellect (強健な知性)

⇨ robustly 副 たくましく，強健に

⇨ robustness 名 頑健性，強靭性

201 convergence [kənvə́ːdʒəns]

名 (一点への) 集中；数 収束；生物 収斂 (しゅうれん)

the point of *convergence* (集合点)

⇨ converge 自 集中する；収束する；

文系・理系共通語彙

202 **molecule**
[mάlɪkjùːl]

収斂する
⇨ convergent 形 一点に集まる；物理 収束性の；生物 収斂した
convergent evolution（収斂進化）

名 化 分子　★atom（原子）
⇨ molecular 形 分子の

203 **justify**
[dʒʌ́stəfàɪ]

他 を正当化する；の正当な理由となる；の字間を調整する
justify oneself
（自分自身（の行為）を弁明する）
The end *justifies* the means.
（《ことわざ》目的は手段を正当化する（うそも方便））
自 法 免責事由を示す
⇨ justification 名 正当化；弁明

204 **endogenous**
[endάdʒənəs]

形 内から発する；生物 内生の；医 内因性の（⇔ exogenous）
endogenous spores（内生芽胞）
endogenous budding（内生出芽）

205 **heterogeneity**
[hètəroudʒɪníːəti]

名 異種, 異質；異類混交
（⇔ homogeneity）
⇨ heterogeneous 形 異種の, 異質の

■「妥当な」の使い分け

valid：（理由や議論などが）しっかりした根拠をもっている《やや格式ばった語》
sound：判断などが事実・証拠に基づいていて過誤や浅薄さがない
convincing：（議論など）疑惑・反対などを抑えて相手を納得させる力のある
cogent：（議論や理由などが）的を突いていて説得力がある《格式ばった語》
logical：（議論・言動が）論理にかなって筋が通っている

206 presumably
[prɪzúːməbli]

副 多分, おそらく (= probably)

The report is *presumably* correct.
(その報道はおそらく正確であろう)

You'll be at the meeting, *presumably*.
(会議にいらっしゃるんでしょうね)

⇨ presume **他** と推定する

207 comprehensive
[kàmprəhénsɪv]

形 包括的な, 幅広い;理解力ある

a *comprehensive* survey
(広範囲にわたる調査)

the *comprehensive* faculty (理解力)

名 (しばしば複数形で)《米》総合試験
★学部学生・大学院生の受ける専攻科目の総合的な試験 (= comprehensive examination)

⇨ comprehensively **副** 包括的に, 広く
⇨ comprehend **他** を理解する

208 generalize
[dʒén(ə)rəlàɪz]

自 概括して言う;概括的に結論を導き出す〈from〉

Collect more data before you *generalize* about the phenomenon.
(その現象について一般化する前にもっとデータを集めなさい)

他 を一般化する;を広める

generalize a new method
(新方法を普及させる)

⇨ general **形** 一般の;概括的な
⇨ generalization **名** 一般化

209 analytical
[ænəlítɪk(ə)l]

形 分析的な, 分解の;**数** 解析的な
(= analytic)

⇨ analytically **副** 分析的に
⇨ analysis **名** 分析, 解析

210 quantitative
[kwántətèɪtɪv]

形 量の, 量的な;計量可能な
(⇔ qualitative)

quantitative analysis (**化** 定量分析)

文系・理系共通語彙

211 probe
[próub]

⇨ quantity 名 量, 分量, 数量

自 **(真相などを)突き止める**

probe into the cause of a crime
(犯罪の原因を探究する)

他 **を厳密に調べる**；医 **を探り針で探る**
He *probed* the wound with his finger.
(彼は傷口を指で探ってみた)

名 医 **探針；厳密な調査；宇宙探査用装置**

a temperature *probe*
((挿入式の)温度計)
a lunar *probe* (月探査装置)

212 prominent
[prámənənt]

形 **傑出した；目立つ**

a *prominent* writer (すぐれた作家)
a *prominent* cause of the recession
(その景気後退の顕著な原因)

⇨ prominence 名 目立つこと；傑出

213 discrete
[dɪskríːt]

形 **分離した，別々の** (⇔ indiscrete)；**不連続の**；数 **離散の**

★discreet (思慮深い；目立たない)
a *discrete* variable (離散変数)

⇨ discretely 副 不連続に

214 patent ア
[pǽtənt]

名 **特許(権)，パテント；特許品**

patent pending (特許申請中《表示》)
by *patent* (特許(権)で)

形 **特許の；明白な**；《略式》**新奇な**

---

patent のコロケーション

apply [ask] for a *patent* (特許を出願する)
file a *patent* (特許を申請する)
grant a *patent* (特許を認可する)
obtain a *patent* for [on] an invention (発明品の特許を取る)
have [hold, own] a *patent* (特許をもっている)
infringe a person's *patent* (特許を侵害する)

patent law（特許法）

a *patent* lie（明白なうそ）

他 の特許を取る［与える］

215 buffer
[bʌ́fɚ]

名 緩衝装置；緩和［緩衝］物； 化 緩衝液； 情報 バッファー

a *buffer* state（緩衝国）

他（衝撃など）をやわらげる； 化 を緩衝剤で処理する； 情報 （データ）をバッファーに入れる

216 lemma
[lémə]

名 補助定理；（議論などの）主題，テーマ；（語彙集などの）見出し語

★複数形は lemmas / lemmata

217 array
[əréɪ]

名 整列，整頓，ずらりと並んだもの〈of〉； 情報 配列

set in *array*（配列する）

an impressive *array* of Japanese paintings

（ずらりと並んだすばらしい日本画）

他（通例受身で）を整列させる；を配列する

218 arbitrary
[ɑ́ɚbətrèri]

形 任意の，恣意（しい）的な；独断的な； 数 任意の

in *arbitrary* order（順序不同に［で］）

arbitrary rule（専制政治）

219 inherent
[ɪnhí(ə)rənt]

形 固有の，本来の（= intrinsic）

one's *inherent* diligence

（生来の勤勉さ）

The instinct of self-defense is *inherent* in any animal.（自己防衛本能はどんな動物にも本来備っている）

⇨ inherently 副 本来，生まれつき

⇨ inherence 名 固有，生来

220 canonical
[kənɑ́nɪk(ə)l]

形 規範的な；正典の；教会法に基づく； 数 正準の

a *canonical* source of information
(権威ある情報源)

⇨ canon 名 規範；不朽の名作，キャノン；教会法

221 questionnaire
[kwèstʃənéɚ]

名 アンケート，質問表

★「アンケート」はフランス語 enquête（質問・調査）からの借用語。英語では questionnaire という

answer [fill out] a *questionnaire*
（アンケートに答える[記入する]）

他 にアンケート調査をする

222 cleavage
[klíːvɪdʒ]

名 (意見などの)対立；裂け目；生物 卵割

a *cleavage* in society between generations（世代間の溝）

223 premise
[prémɪs]

名 (理論の)前提；(複数形で)(土地・付属物付きの)建物

the major [minor] *premise*
（大[小]前提）

reason from false *premises*
（誤った前提から推論する）

他 (しばしば受身で)を前提とする〈on, upon〉

224 implicit
[ɪmplísɪt]

形 暗黙の (⇔ explicit)；絶対的な；数 (関数が)陰の

give *implicit* consent（黙諾を与える）
implicit faith（盲信）

⇨ implicitly 副 暗黙のうちに

225 diffusion
[dɪfjúːʒən]

名 散布；普及；物理 拡散

the *diffusion* of knowledge
（知識の普及）

⇨ diffuse 他 自 散布する；(を)普及させる[する]；物理 拡散する

文系・理系共通語彙

226 residual
[rɪzídʒuəl]

形 残りの；数 余りの
one's *residual* income
((税引き後の) 手取り収入)
residual property (残余財産)
名 残余, 残り物；数 剰余；医 後遺症

227 intact
[ɪntǽkt]

形 損なわれていない, (元のままの) 完全な形で
The castle has remained *intact* over the centuries. (その城は何世紀にもわたってそのまま残っている)
leave [keep] a thing *intact* (物を完全にして置く, 手をつけないでおく)

228 render
[réndər]

他 を(…に)する(= make)；(援助など)を与える；を提出する(= submit)；を表現する
My efforts were *rendered* futile.
(せっかくの努力もむだになった)
We *rendered* aid to the accident victims.
(事故の被害者に援助を与えた)
A good actor *renders* a character to life. (名優は人物を生き写しに演ずる)

229 coincide
[kòʊɪnsáɪd]

自 同時に起こる；一致する
The two events *coincided*.
(二つの事件が同時に発生した)
Her ideas *coincide* with mine.
(彼女の考え方は私のと一致している)
⇨ coincidence 名 偶然の一致；同時発生
⇨ coincident 形 同時の；完全に一致した

230 counterpart
[káʊntərpɑ̀rt]

名 対応する人[もの], 同等物；法 (正副二通のうちの) 一通, 副本

The Japanese foreign minister met with his *counterpart* in the Chinese government.（日本の外務大臣は中国の外務大臣と会談した）

231 agenda
[ədʒéndə]

名 協議事項, 議題；予定表

at the top of the *agenda*
（議題の筆頭で）
on the *agenda*（議論される予定で）
put an issue high on the *agenda*
（ある問題を最優先課題とする）

232 determinant
[dɪtə́:mɪnənt]

名 決定要因；[生物] 決定子；[数] 行列式

a major *determinant* of political stability
（政治の安定を決定する主要な要因）

形 決定力のある；限定的な
⇨ determine 他 を決定する

233 hierarchy 発音
[háɪərɑ̀ɚki]

名 階級組織, 階級制度；支配層；[生物] 階層

the *hierarchy* of the Civil Service
（行政官の階級制度）

234 verify
[vérəfàɪ]

他 を確かめる；を実証する；[法] を立証する

Have you *verified* these facts?（あなたはこれらの事実を確かめましたか）
Further research has *verified* his assertion.（さらなる研究で彼の主張の

文系・理系共通語彙

■「一致する」の使い分け

agree：（二つの話・計算・合計などが）お互いに同一である
coincide：すべての点で完全に一致する
conform：法律・基準に従う［合致する］
accord：（二者が）ぴったり適合する《格式ばった語》
harmonize：（互いに異なる物が）うまく調和する
tally：（二つの数または陳述が）符合する

正しさが立証された)
verify a password
(パスワードの確認をする)
⇨ verifiable 形 証明できる
⇨ verification 名 確認；証明；立証

235 coherent
[kouhí(ə)rənt]

形 (話など) 筋の通った, 首尾一貫した (⇔ incoherent)；密着する
a *coherent* explanation
(理路整然とした説明)
⇨ cohere 自 筋が通っている
⇨ coherence 名 首尾一貫性
⇨ coherently 副 首尾一貫して；明快に

236 reinforce 発音
[rì:infɔ́əs]

他 をより強固にする；を補強する
The new evidence *reinforces* my argument. (この新しい証拠は私の議論をより強固にする)
reinforce a bridge (橋を補強する)
⇨ reinforcement 名 強化, 補強

237 defect
[dí:fekt]

名 欠陥, 欠点 (= fault)
repair a *defect* (欠陥を正す)
He has the *defects* of his qualities.
(彼には長所に伴う欠点がある)
⇨ defective 形 欠陥のある

238 diminish
[dimíniʃ]

他 を減らす, を少なくする (⇔ increase)；(名誉など) をおとしめる
Illness seriously *diminished* his strength. (病気のため彼の体力はひどく衰えていた)
自 減少 [縮小] する
The heat *diminished* as the sun went down.
(太陽が沈むにつれ暑さが弱まった)
⇨ diminution 名 減少, 縮小

239 colleague
[káli:g]

名 同僚

240 administer
[ədmínistər]

他 を管理[運営]する;を治める;を執行する;(処置)を施す

The Secretary of State *administers* foreign affairs.
(国務長官は外交上の政務を担当する)
administer a law（法を執行する）
⇨ administration 名 管理, 運営;行政;政府
⇨ administrative 形 管理の;行政上の

241 restore
[rɪstɔ́ːr]

他 を元に戻す;を回復する[させる];を修復する

restore the system to its original condition（(コンピューターの)システムを初期状態に戻す）
The picture has been *restored* to its original condition.

文系・理系共通語彙

■「欠陥」の使い分け

defect：比較的一般的な語。重要な要素・ものが欠けていて完全でないことを示す
blemish：表面[外観]だけに関係するきず
flaw：構造や組織上の小さいが根本的な弱点になりかねない欠陥
imperfection：ものの完全さを損なうまずい点

■「減少する」の使い分け

decrease：大きさ・数・量などが次第に減っていく, 減らす
dwindle：だんだん少なく[小さく]なって, しまいになくなってしまう
lessen：「減少する[させる]」意であるが, 急激な減少にも緩慢な減少にも使われる
diminish：全体から取り去ることで減少させる[する]
reduce：大きさ, 程度などを小さくする, 低くする

(その絵は元の状態に復元された)
⇨ restoration 名 回復；復活

242 anticipate
[æntísəpèɪt]

他 を予期する，を期待する；に先手を打つ

★よい意味でも悪い意味でも用いる

I *anticipate* trouble.
(面倒なことになりそう(で不安)だ)
I *anticipated* his questions by having answers ready. (私は彼の質問を見越して答えを用意しておいた)
⇨ anticipation 名 予想，予期

243 entail
[ɪntéɪl]

他 を必然的に伴う；[法] (不動産)の相続人を限定する

The position *entails* grave responsibility.
(その地位は重大な責任を伴う)
名 [法] 限嗣相続，限嗣不動産権
⇨ entailment 名 継嗣限定

244 adaptation
[ædæptéɪʃən]

名 改作(物)，脚色；適応，順応 ⟨to⟩

an *adaptation* of a play by Shakespeare
(シェークスピア劇を書き直したもの)
⇨ adapt 自 適応する 他 を適合させる

245 demographic
[dèməgræfɪk]

形 人口統計(学)の；人口動勢の

demographic adjustment (人口調節)
名 (複数形で) 人口統計；(単数形で) (特定の層の) 人々

246 paradigm
[pǽrədàɪm]

名 例；模範，典型 ⟨of⟩；パラダイム；語形変化表

a *paradigm* case
(典型的な事例，代表例)
a *paradigm* shift (パラダイム・シフト)

247 preliminary
[prɪlímənèri]

形 予備的な；前置きの

a *preliminary* examination (予備試験)
a *preliminary* hearing (予審)

preliminary to ... (…に先立って)
图 (通例複数形で) 予備行為；予備試験；(競技などの) 予選

248 null
[nʌ́l]

图 (法律上) 無効の；価値のない；
数 零の
null and void (無効で)
a *null* set (零(れい)集合)
图 零, ゼロ；(計器などの) 零の目盛り

249 adverse
[ædvə́ːs]

图 不利な, 不運な；逆の, 反対の
adverse circumstances (逆境)
an *adverse* wind (逆風)
⇨ adversely 副 不利に；逆に

250 randomly
[rǽndəmli]

副 手当たり次第に；無作為に
⇨ random 形 手当たり次第の
　random sampling
　(無作為 [任意] 抽出法)

251 exploit
[ɪksplɔ́ɪt]

他 を (利己的に) 利用する, を搾取する；を活用する；(資源) を開発する
He *exploited* his employees for his own ends. (彼は従業員たちを自分の目的のために食い物にした)
exploit natural resources
(天然資源を開発する)
图 偉業, 手柄, 功績
the *exploits* of Robin Hood
(ロビンフッドの偉業)

文系・理系共通語彙

■「期待する」の使い分け

expect：事柄がきっと起こるだろうと思う。よいこと，悪いこと両方に用いる
anticipate：喜びまたは不安の気持ちで待ちうける
hope：願わしいことの実現を信じて待ち望む
await：(人や事を) いつ来るかと待ちうける

252 locus
[lóʊkəs]

名 場所, 位置; 数 軌跡; 生物 遺伝子座

★複数形は loci

253 replicate 発音
動 [répləkèɪt]
形 名 [répləkət]

他 を模写[複製]する; を繰り返す
He was unable to *replicate* the experiment.
(実験を繰り返すことはできなかった)
自 生化 自己複製する; 折れ重なる
形 複製の; 反復の; (葉など)折れ返った
名 (反復された)実験の一回

254 standardize
[stǽndɚdàɪz]

他 を標準化する, を規格化する
a *standardized* test (統一試験)
standardized production (規格化生産)
⇨ standard 名 標準, 基準　形 標準の
⇨ standardization 名 標準化, 規格化

255 reliable
[rɪláɪəbl]

形 信頼できる, 頼もしい
(= dependable)(⇔ unreliable); 確かな
a *reliable* person (信頼できる人)
from a *reliable* source
(信頼すべき筋から)
⇨ rely 自 (人を)信頼する〈on, upon〉
⇨ reliability 名 信頼できること; 信頼性

256 constituent
[kənstítʃuənt]

名 選挙人, 有権者; 成分, (構成)要素
(= component)
His policy was supported by his
constituents.
(彼の政策は有権者たちに支持された)
形 構成する; 成分[要素]となる; 選挙権のある
the *constituent* parts of water
(水の成分)
a *constituent* body (選挙母体)
⇨ constitute 他 を構成する

257 inhibit
[ɪnhíbɪt]

他 を抑える，を抑制する；に禁じる

inhibit cancer growth
（がんの増殖を抑制する）

These provisions *inhibit* the government from doing certain acts.
（これらの規定は政府がある種の行為を行うことを禁ずるものである）

⇨ inhibition 名 抑制，抑圧；禁止

258 align
[əláɪn]

他 を整列させる，を一列に並べる；を（…と）提携させる〈with〉

align oneself with the liberals
（自由主義者と提携する）

自 一列に整列する；（…と）提携する〈with〉

259 efficacy
[éfɪkəsi]

名 効き目，効能（= effectiveness）

the *efficacy* of a drug（薬の効能）

260 assertion
[əsə́ːrʃən]

名 （自己）主張；断言

make an *assertion*（主張する）

Nobody believes his *assertion* that he is innocent.（無実だという彼の主張はだれも信じない）

⇨ assert 他 を断言する；を主張する

261 contradiction
[kὰntrədíkʃən]

名 矛盾；矛盾した行為［事実，人］；否定，反駁（はんばく）

in *contradiction* to ...（…と矛盾して）

a *contradiction* in terms（論理 名辞矛

文系・理系共通語彙

■「信頼できる」の使い分け

reliable：（人や物が）期待・要求に応じて頼りになる

dependable：（人や物が）危機に際して頼ることができる《沈着・着実を暗示する》

trustworthy：（人，時に物）の真実・信頼度などが十分に当てにできる《最も意味の強い語》

trusty：《古・戯言》（人や物が）長い経験から十分信頼できる

盾）★たとえば a round square（丸い四角形）

the *contradiction* of a rumor
（うわさの否定）

⇨ contradict 他 と矛盾する

262 clarify
[klǽrəfàɪ]

他 を明らかにする；を解明する；(液体・空気など)を清くする

clarify one's position
（立場を明らかにする）

clarify a text by the use of illustrations
（図解を用いてテキストを解明する）

自 明白になる；澄む

⇨ clarification 名 明白にすること；浄化

263 capability
[kèɪpəbíləti]

名 能力，才能；(通例複数形で)将来性

He showed *capability* in handling the negotiations.（彼は交渉をさばくことに手腕を見せた）

a person of great *capabilities*
（将来性豊かな人）

⇨ capable 形 有能な；可能な

264 simulate
[símjʊlèɪt]

他 をまねる；のふりをする；の模擬実験をする；(生物)を擬態する

Some moths *simulate* dead leaves.
（ガの中には枯れ葉に擬態するものがある）

⇨ simulation 名 模擬実験，シミュレーション

　run a *simulation*
　（シミュレーションをする）

265 fluctuation
[flʌ̀ktʃuéɪʃən]

名 波動，浮動；動揺；変動；不安定

fluctuations of temperature [prices]
（温度[物価]の変動）

⇨ fluctuate 自 波動する；動揺する；

文系・理系共通語彙

266 **conversely** [kánvɚːsli]
副 逆に；逆に言えば
Conversely, one might say that ... (逆に言えば…と言ってよいかもしれない)
⇨ converse 形 逆の 名 (the 〜で) 反対, 逆

267 **complementary** [kàmpləméntəri]
形 補足的な；相補的な；補語の
complementary distribution (言語 相補分布)
a *complementary* angle (数 余角)
★complimentary (称賛の；無料の)
⇨ complement 名 補完するもの 他 を補足する

268 **qualitative** [kwálətèɪtɪv]
形 質の, 質的な (⇔ quantitative)
a *qualitative* difference (質的な違い)
qualitative analysis (化 定性分析)
⇨ quality 名 質；特性

269 **plausible** [plɔ́ːzəbl]
形 もっともらしい；信用できそうな (⇔ implausible)；(人が) 口先のうまい
His explanation seemed *plausible* enough. (彼の説明は十分に妥当と思えるものだった)
⇨ plausibility 名 もっともらしさ；妥当性

━■「能力」の使い分け

ability：人が何かをする精神的・肉体的な力《獲得されるもので, 向上させることができる；最も一般的な語》
faculty：身についている才能で, 特別な努力なしに発揮できる能力。普通は知的能力を意味する
capacity：受け入れたり吸収したりする潜在的な力
capability：ある仕事や目的の達成に必要な素質・資格があること

270 resonance
[réz(ə)nəns]

名 反響, 響き；物理 共鳴, 共振
His teachings found no *resonance* in them. (彼の教えも彼らからは何の反響もなかった)
magnetic *resonance* (磁気共鳴)
⇨ resonant 形 反響する, 鳴り響く
　a *resonant* circuit (共振回路)

271 awareness
[əwéənəs]

名 気づいていること；意識；認識
awareness of one's ignorance
(自分の無知に気づいていること)
raise [increase] *awareness* about [of] ...
(…についての意識を高める)
political *awareness* (政治意識)
⇨ aware 形 知って, 気がついて

272 algorithm
[ǽlgərìðm]

名 数 アルゴリズム, 算法
an *algorithm* to find 100 digit primes
(100桁の素数を求めるためのアルゴリズム)
devise an *algorithm*
(アルゴリズムを考案する)

273 incident
[ínsədənt]

名 事件, (付随した)出来事；事変；医 航空 情報 インシデント (★重大な事故につながる恐れのあった潜在的事例)
Misunderstanding is at the base of many international *incidents*. (誤解が多くの国際的紛争のもとになっている)
a frontier *incident* (国境紛争)
without *incident* (支障なく, 順調に)
形 ありがちな；物理 投射 [入射] の
an *incident* angle (入射角)
⇨ incidence 名 発生；発生率
⇨ incidental 形 付随的な
　incidental damages
　(付随的損害賠償 (金))

274 lineage
[líniɪdʒ]

名 血統, 系統；家柄 (= ancestry)
a person of good *lineage*
（家柄のよい人）

275 inference
[ínf(ə)rəns]

名 推論, 推理；推定, 判断
by *inference*（推論によって）
the deductive [inductive] *inference*
（演繹［帰納］推理）
draw [make] an *inference* from evidence（証拠から結論を引き出す）
⇨ infer 他 と推論する

276 advocate 発音
動 [ǽdvəkèɪt]
名 [ǽdvəkət]

他 を擁護する；を唱道する
advocate peace（平和を唱える）
He *advocates* banning capital punishment.
（彼は死刑廃止を唱えている）

名 主唱者, 唱道者；代弁者
an *advocate* of disarmament
（軍縮唱道者）
⇨ advocacy 名 擁護, 支持；唱道, 主張

277 predominantly
[prɪdámənəntli]

副 主に, 大部分は；圧倒的に
The local press is *predominantly* conservative.
（地元の新聞雑誌は圧倒的に保守的だ）
⇨ predominant 形 優勢な；大方［もっぱら, 主流］の

278 virtually
[vɚ́ːtʃuəli]

副 事実上, 実質的には；[情報] バーチャルに, 仮想的に
These days a college education is *virtually* essential to getting a good job.（今日では大学教育はよい職を得るのに事実上不可欠と言える）
⇨ virtual 形 事実上の；仮想の
　virtual reality（仮想現実（感））

279 innovation
[ìnəvéɪʃən]

名 革新, 刷新；新機軸, 新方式
technical *innovations* in the information

文系・理系共通語彙

industry（情報産業における技術革新）
⇨ innovate 他 を革新する；を採り入れる

280 priority
[praɪɔ́:rəti]

名 **優先する[すべき]もの；優先権**

★電車などの優先席の「シルバーシート」は和製英語。英語では priority seat という

a first [top] *priority*（最優先（事項））
Your claim has [takes] *priority* over his.（あなたの請求のほうが彼の請求より優先する）
⇨ prior 形（時間・順序が）前の，先の；より重要な

281 contraction
[kəntrǽkʃən]

名 **短縮，収縮；医 (筋肉・子宮筋の)収縮；癖がつくこと；病気にかかること；(景気・財政の)縮小**

★spasm（攣縮）
a muscular *contraction*（筋肉の収縮）
a *contraction* of the American market
（アメリカ市場の縮小）
⇨ contract 他 自 (を) 収縮させる[する]；(を) 縮小させる[する]
（⇔ expand）

282 confine
[kənfáɪn]

他 **を限る，を制限する**（= restrict）；(通例受身で) **を閉じ込める；を食い止める**

My business at the university is *confined* to teaching.
（私は大学で（研究や学校行政にたずさわらず）授業だけを行っている）
confine the disease to that area
（病気をその地域にとどめる）
名 (複数形で) **境界；範囲，分野**
within [beyond] the *confines* of the country（国内[外]で）

283 kinetic
[kɪnétɪk]

⇨ confinement 名 幽閉, 監禁

形 物理 運動の, 動力学の；活動的な (= dynamic)
kinetic energy（運動エネルギー）
kinetic art（動く芸術）
⇨ kinetics 名 動力学

284 invoke
[ɪnvóʊk]

他 (法など) に訴える；を引き合いに出す；をもたらす
invoke the power of the law
（法の力に訴える）
invoke the authority of Johnson for a usage（ある語法の根拠としてジョンソン（の辞書）を引き合いに出す）
⇨ invocation 名 (神への) 祈り；祈りのことば

285 cumulative
[kjúːmjʊlətɪv]

形 累積する, 累加する
a *cumulative* deficit（累積赤字）
a *cumulative* effect（累積効果）

286 feasible
[fíːzəbl]

形 実行できる, 可能な (= possible)；もっともらしい
a *feasible* plan（実行可能な計画）
a *feasible* explanation
（もっともらしい説明）

---

priority のコロケーション

give *priority* to ...（…に優先権を与える）
take *priority* of ...（…の優先権を得る）
establish [set, identify] *priorities*（優先順位を決める）

■「実行できる」の使い分け

practicable：実行性 [実用性] はありそうであるが, まだ実証されていない
practical：実際に役に立つとわかっている
feasible：実現しそうで, かつ望ましいとされる

文系・理系共通語彙

⇨ feasibility 名 実行可能性

287 accommodate
[əkɑ́mədèɪt]

他 を収容する；に便宜をはかる；を適応させる

accommodate a person's wishes
(人の願いを聞いてやる)

accommodate oneself to ...
(…に順応する)

自 順応する〈to〉

⇨ accommodation 名 宿泊設備

288 proliferation
[prəlìfəréɪʃən]

名 急増；(核兵器の) 拡散；生物 増殖

the *proliferation* of nuclear weapons
(核兵器拡散)

⇨ proliferate 自 急増する；(細胞などが) 増殖する　他 (核兵器) を拡散させる

289 susceptibility
[səsèptəbíləti]

名 感じやすいこと, 感受性〈to〉；感染しやすいこと；(複数形で) 感情

susceptibility to colds
(かぜをひきやすいこと)

⇨ susceptible 形 (…を)受けやすい〈to〉

290 compromise
[kɑ́mprəmàɪz]

名 妥協；折衷 (せっちゅう) 案

make *compromises* (with ...)
((…と) 妥協する)

reach [come to] a *compromise* (with ...)
((…と) 妥協するに至る)

a *compromise* between opposite opinions (対立する意見の折衷案)

自 妥協する；譲歩する

compromise on the terms
(その条件で妥協する)

他 (名声・信用など) を危うくする；(主義など) を曲げる

compromise privacy
(プライバシーを危険にさらす)

291 encompass
[ɪnkʌ́mpəs]

他 を含む (= include);を取り囲む, を取り巻く

The book *encompasses* all the subjects.
(その本は問題のすべてを含んでいる)

The earth is *encompassed* by the atmosphere.
(地球は大気に囲まれている)

★compass (**名** コンパス)

292 adjacent
[ədʒéɪs(ə)nt]

形 隣接した, 近隣の

linguistics and the *adjacent* disciplines
(言語学とそれに隣接した諸学(科))

adjacent angles (**数** 隣接角)

⇨ adjacently **副** 隣接して

293 acute
[əkjúːt]

形 深刻な;(痛みなどが) 激しい;(病気が) 急性の (★chronic (慢性の));(感覚・知性が) 鋭い;**数** 鋭角の (⇔ obtuse)

an *acute* shortage of oil
(深刻な石油不足)

an *acute* pain in the stomach
(胃の激痛)

an *acute* angle (鋭角)

294 homogeneous
[hòʊmədʒíːniəs]

形 同種の, 同質の (⇔ heterogeneous);等質の;**数** 同次の

a *homogeneous* substance
(均質体, 等質体)

a *homogeneous* dimension (同次元)

⇨ homogeneity **名** 同種, 同質(性);

文系・理系共通語彙

■「隣接した」の使い分け

adjacent:互いに接近している《この意味では **next (to)** が一般的な言い方;格式ばった語》

adjoining:(部屋・場所・物が) 隣り合わせで接している

contiguous:境界または一点で接触している《格式ばった語》

neighboring:ある場所から見て近くに位置する《限定用法のみ》

等質(性); [数] 同次性

295 compatible
[kəmpǽtəbl]

[形] [情報] (…と)互換性のある〈with〉; 両立する, 矛盾しない
(⇔ incompatible)
UNIX *compatible* software (ユニックスと互換性のあるソフトウェア)
His action is *compatible* with his character.
(彼の行動は性格と合っている)
[名] [情報] 互換機
an IBM [AT] *compatible*
(IBM [AT] 互換機)
⇨ compatibility [名] [情報] 互換性; 適合性, 両立性

296 merge
[mə́ːdʒ]

[自] 合併する; 溶け込む
Dawn *merged* into day.
(次第に夜が明けていった)
[他] を合併する; を併合する; を溶け込ませる; [情報] をマージする
merge a subsidiary with its parent company (子会社を親会社と合併する)
⇨ merger [名] (企業などの)合併
mergers and acquisitions
((企業の)合併・吸収, M&A)

297 amendment
[əmén(d)mənt]

[名] 修正, 改正; 修正案; (A- で) (米国憲法の)修正条項
make an *amendment* to a contract
(契約を改正する)
propose an *amendment*
(修正案を上程する)
⇨ amend [他] (法律など)を改正する

298 prescribe
[prɪskráɪb]

[他] (薬・療法など)を処方する; を(規則として)定める

prescribe medicine for a patient
(患者に薬の処方を書く)
prescribed textbooks（指定教科書）
⇨ prescription 名 処方箋(せん)；処方薬
⇨ prescriptive 形 規定する

299 beneficial
[bènəfíʃəl]

形 **有益な，利益をもたらす**
have a *beneficial* effect on ...
(…に有利な効果をもたらす)
Sunshine is *beneficial* to health.
(日光は健康のためによい)
⇨ benefit 名 利益　他 の役に立つ
　　自 利益を得る

300 persist
[pərsíst]

自 **固執する，やり通す；持続する**
The government *persisted* with the economic reform.（政府はその経済改革を押し進めようとした）
Poverty still *persists* in many countries.
(多くの国ではいまだに貧困が続いている)
⇨ persistence 名 頑固，固執；持続
⇨ persistent 形 固執する，頑固な
　　the *persistent* efforts of a few private philanthropic bodies（少数の私設慈善団体のたゆまぬ努力）

301 analogy
[ənǽlədʒi]

名 **類似**(= similarity)；**比較，類推**；
[生物] **相似**
draw an *analogy* between two things
(二者の類似を指摘する)
There is a close *analogy* between these two events.（この2つの事件の間には著しい類似性がある）
by *analogy*（類推によって）
⇨ analogous 形 (…に)類似して⟨to, with⟩；[生物] 相似の

302 placebo 発音
[pləsíːbou]

名 [医] **偽薬, プラセボ；気休め（の言葉）**
★複数形は placebos
the *placebo* effect（偽薬投与による効果）

303 lattice
[lǽtɪs]

名 **格子（こうし）；格子状のもの；**[物理]**結晶格子, 空間格子；**[数]**束（そく）**
他 **に格子をつける**

304 elicit
[ɪlísɪt]

他 **を引き［聞き］出す**
elicit a response by stimulation
（刺激を与えて反応を引き出す）

305 compensate
[kámpənsèɪt]

他 **に（損失などを）償う, に補償する；に報酬を払う**
You must *compensate* him for his loss.
（彼の損失を償わねばならない）
自 **償う, 埋め合わせる**
compensate for losses
（損失［欠損］を補う）
⇨ compensation 名 償い；賠償［補償］金
⇨ compensatory 形 賠償［補償］の

306 polarization
[pòulərɪzéɪʃən]

名 **対立；極性を生ずること；**[電気]**分極；**[光]**偏光**
The growing *polarization* made management difficult.（次第に高まる対立により経営［管理］が困難になった）
a *polarization* battery（成極電池）
rotary *polarization*（回転偏光）
⇨ polarize 他 を分極化する；に極性を与える；[光] を偏光させる 自 分極化する；極性をもつ
★polar（形 極（pole）の, 極地の；極性の；対極の, 正反対の）

307 propensity
[prəpénsəti]

名 **（生まれつき）（…を好む）傾向, 性質；性癖**〈for, to *do*〉
have a *propensity* for exaggeration [to

exaggerate］（大げさに言う癖がある）
These workers exhibit a high *propensity* for cancer.
（この労働者たちはがんにかかる傾向が高いことを示している）

308 **exogenous**
[eksádʒənəs]

形 外因性の；植物 外生の；生化 外来性の（⇔ endogenous）
an *exogenous* factor（外生要因）

309 **collaboration**
[kəlæbəréɪʃən]

名 共同（作業）；共同研究［制作］；合作
in *collaboration* with ...
（…と共同して）
collaboration between academic institutions and industry（産学協同）
⇨ collaborate 自 共同して働く，共同研究する

310 **evolutionary**
[èvəlúːʃənèri]

形 進化の，進化論的な；発展の
evolutionary growth
（進化（論）的な発達）
⇨ evolution 名 進化；発展

311 **conjecture**
[kəndʒéktʃɚ]

名 推量，推測（= guess）〈about〉
a mere *conjecture*（単なる憶測）
form [make] *conjectures* upon ...
（…に推測を下す）
他 自 （を）推量［臆測］する；あてずっぽうを言う

文系・理系共通語彙

■「引き出す」の使い分け

extract：（情報・金銭などを）強引に引き出す
educe：（潜在するものを）引き出す《格式ばった語》
elicit（事実・情報などを）特に非常に努力して引き出す《格式ばった語》
evoke：情感を刺激して（心象などを）呼び起こす《格式ばった語》
extort：暴力・おどしを用いてもぎ取る

He *conjectured* that his proposal would be accepted.（彼は自分の提案が受け入れられるだろうと推測した）
⇨ conjectural 形 推測による

312 continuum
[kəntínjuəm]

名 (同じ性質のものの) 連続 (体); 数 連続体
★複数形は continua
a space-time *continuum*（時空連続体）

313 accurately
[ǽkjʊrətli]

副 正確に，精密に
quote *accurately*（正確に引用する）
⇨ accurate 形 正確な，密な

314 disrupt
[dɪsrʌ́pt]

他 を (一時的に) 混乱させる；を (一時) 中断させる；を崩壊させる
chemicals that *disrupt* endocrine function（内分泌機能を攪乱 (かくらん) する化学物質）
⇨ disruption 名 混乱；中断
⇨ disruptive 形 混乱を引き起こす

315 prospective
[prəspéktɪv]

形 予期される，見込みの (ある)
a *prospective* candidate
（立候補を予想される人物）
prospective changes（見込まれる変化）
⇨ prospect 名 予想；見込み；期待

316 discrimination
[dɪskrìmənéɪʃən]

名 差別；差別待遇；識別；区別
racial [sexual] *discrimination*
（人種 [性] 差別）
without *discrimination*
（分け隔てなく，平等に）
⇨ discriminate 他 を差別する；を識別する

317 entity
[éntəti]

名 実在物，実体；実在
an abstract *entity*（抽象 (的存在)）
a political *entity*（国家，政体）

318 broaden
[brɔ́:dn]

他 を広げる；(知識・視野など)を広める

The study of philosophy *broadens* your mind.
(哲学によって人間的に幅が広くなる)

自 広くなる，広がる

The river *broadens* at its mouth.
(川は河口で広くなっている)

⇨ broad 形 幅の広い，広々とした

319 elaborate 発音
形 [ɪlǽb(ə)rət]
動 [ɪlǽbərèɪt]

形 苦心して作った，手の込んだ

an *elaborate* scheme
(入念に練ったたくらみ)

an *elaborate* design (凝ったデザイン)

自 詳しく述べる

He *elaborated* on the subject.
(彼はさらにその問題を詳しく述べた)

他 を精巧に作り上げる；(文章など)を練る

He *elaborated* a new theory. (彼は新しい理論を念入りに組み立てた)

⇨ elaborately 副 入念に，精巧に
⇨ elaboration 名 入念に仕上げること；手の込んでいること，精巧さ；苦心の作；詳細

320 evoke
[ɪvóʊk]

他 (感情・記憶など)を呼び起こす，を喚起する

The film *evokes* memories of my childhood. (その映画は子供の頃の記憶を呼び起こす)

evoke criticism (物議をかもす)

⇨ evocation 名 (感情・記憶などの)喚起
⇨ evocative 形 喚起する，呼び起こす

文系・理系共通語彙

321 suppression
[səpréʃən]

名 抑圧, 鎮圧；抑制；隠蔽(いんぺい)；(本などの)発売禁止

⇨ suppress 他 を抑圧する

This article was *suppressed* until after the war. (この記事[論文]は戦後まで発禁になっていた)

322 simultaneous
[sàɪm(ə)ltéɪniəs]

形 同時の, 同時に起こる

simultaneous interpretation (同時通訳)
simultaneous equations
(数 連立方程式)

⇨ simultaneously 副 同時に

323 albeit
[ɔːlbíːɪt]

接 たとえ…でも, …にもかかわらず
(= although)

a useful, *albeit* somewhat tiring, meeting (少々疲れるが, 有益な会議)

It is an important, *albeit* small, difference. (小さなものとはいえ, それは重要な違いである)

324 mandate
[mǽndeɪt]

名 権限；任期；命令

The party has a *mandate* to implement these policies. (その政党はこれらの政策を実施する権限を負託されている)

他 に権限を与える；を命じる；の統治を委任する

a *mandated* territory (委任統治領)

⇨ mandatory 形 強制的な, 必須の

325 implicate
[ímpləkèɪt]

他 (人)が(…に)関与していることを示す〈in〉；をほのめかす

be *implicated* in a crime
(犯罪に関係している)

⇨ implication 名 言外の意味, 含蓄, 含意, 推測, 推定

326 prevail
[prɪvéɪl]

自 流行している, 普及している；優勢である

Such political abuses *prevail* in this country.(そのような政治的悪習がこの国にははびこっている)
prevail upon [on] ...(…を説き伏せる)
⇨ prevalence 名 普及, 流行
⇨ prevalent 形 広く行き渡っている

327 **discrepancy**
[dɪskrép(ə)nsi]
名 矛盾, 不一致, 食い違い〈between, in〉
There's a *discrepancy* between the two reports.(その二つの報告書には食い違いがある)
⇨ discrepant 形 矛盾した

328 **literacy**
[lítərəsi]
名 読み書きの能力；(ある分野の)活用能力[知識]；教育があること
(⇔ illiteracy)
media *literacy*(メディアリテラシー)
computer *literacy*
(コンピューターリテラシー)
⇨ literate 形 読み書きできる；能力[知識]のある；教養のある

329 **corpus**
[kɔ́ːrpəs]
名 (作品の)全集；(文書などの)集成；言語 コーパス；(人・動物の)死体
★複数形は corpora
the *corpus* of Latin poetry(ラテン詩全集)
corpus linguistics(コーパス言語学)

文系・理系共通語彙

■「不一致」の使い分け

difference：同一でないことを表す最も一般的な語
disparity：年齢・額などの不均衡《格式ばった語》
discrepancy：同じであるべきものの間に不一致や相違があること《格式ばった語》
dissimilarity：特定の面で二つ(以上)のものの間に類似性がないこと《格式ばった語》
distinction：類似したものの間の相違点

330 morphology
[mɔːrfɑ́lədʒi]

名 形態, 構造; 言語 形態論, 語形論; 生物 形態学

classify species on the basis of *morphology*
(形態学をもとに種(しゅ)を分類する)

⇨ morphological 形 形態[構造]の; 形態[語形]論的な; 形態学的な

331 segregation
[sègrɪgéɪʃən]

名 (差別による)隔離, 分離
(⇔ integration)

The government practiced a policy of racial *segregation*.
(政府は人種別の隔離政策を実行した)

⇨ segregate 他 を隔離する, を差別する

332 competence
[kɑ́mpətəns]

名 能力, 適性 (⇔ incompetence); 法 権能, 権限; 言語 言語能力

There's no doubt of his *competence* for the task. (彼には確かにその仕事をやっていける能力がある)

within the *competence* of ...
(…の権限内で)

⇨ competent 形 有能な

333 systemic アク
[sɪstémɪk]

形 全身の, 全体に影響する; (殺虫薬など)浸透性の

systemic application (全身投与)
a *systemic* disease (全身病)

334 dilute
[daɪlúːt]

他 を(水などで)薄める; (効力)を弱める

dilute whiskey with water
(ウイスキーを水で割る)

dilute one's zeal (熱意を弱める)

自 (水などで)薄まる

形 希釈した, 薄めた

dilute sulfuric [nitric] acid
(希硫[硝]酸)

335 longitudinal
[làndʒət(j)úːdən(ə)l]

⇨ dilution 名 薄めること，希釈；薄弱化；希釈液［物］

形 縦の；長さの；経度の，経線の；長期的な

a *longitudinal* study
（長期的［縦断的］研究）

⇨ longitude 名 [地理] 経度，経線；[天文] 黄経

336 preclude
[prɪklúːd]

他 (前もって) を排除する；を妨げる，を阻む (= prevent) ⟨from *do*ing⟩

preclude all doubt
（すべての疑惑をあらかじめ排除する）

My tight schedule will *preclude* me from attending the party.
（スケジュールが詰まっていてそのパーティーには出席できないだろう）

⇨ preclusion 名 除外，防止
⇨ preclusive 形 除外する

337 accessible
[əksésəbl]

形 近づきやすい；入手しやすい；理解しやすい；[情報] (データが) アクセスできる (⇔ inaccessible)

accessible to reason（道理のわかる）
accessible information（得やすい情報）
a book *accessible* to the common reader（一般読者にもよくわかる本）

⇨ access 名 接近，入手 他 [情報] にアクセスする
⇨ accessibility 名 接近［入手，アクセス］できること；（パソコンなどの）ユーザー補助，アクセシビリティー

338 conceive
[kənsíːv]

他 (考えなど) を心に抱く；を思いつく；を想像する；(子) を宿す

The ancients *conceived* the earth as flat.（昔の人は地球は平らだと考えた）

I cannot *conceive* why she has done such a thing. (なぜ彼女がそんなことをしたのか想像もできない)
自 (しばしば否定文で) **想像する**〈of〉; **妊娠する**
I can't *conceive* of his killing himself. (彼が自殺するなんて考えられない)
⇨ conception 名 概念, 考え; 妊娠

339 peripheral
[pərífərəl]

形 **周辺の; あまり重要でない, 末梢的な;** 情報 **周辺(機器)の**
peripheral vision (周辺視野)
a *peripheral* nerve (末梢神経)
a *peripheral* device (周辺機器)
名 情報 (しばしば複数形で) **周辺機器**
⇨ periphery 名 周囲, 周辺

340 distortion
[dɪstɔ́ːrʃən]

名 **(事実などの)歪曲(わいきょく); ゆがめること; ゆがみ, ねじれ**
his *distortion* of my statement (私の言葉に対する彼の曲解)
⇨ distort 他 をゆがめる

341 tolerance
[tɑ́l(ə)rəns]

名 **寛容, 寛大; 我慢, 耐久力;** 医 **耐性**
show *tolerance* (寛容[寛大]さを示す)
I have no *tolerance* for nonsense. (愚にもつかない考えは我慢ができない)
I have low alcohol *tolerance*. (私はアルコールの耐性が低い)
⇨ tolerate 他 を大目に見る; を我慢する
⇨ tolerant 形 寛容な

342 recourse
[ríːkɔːrs]

名 **頼ること, 依頼; 頼みとするもの;** 法 **遡求(そきゅう)権**
have *recourse* to ...
(…に頼る, …を用いる)
We still have *recourse* to legal action. (我々にはまだ法律に訴える道がある)

without *recourse* to ...
(…によらないで)

343 putative
[pjúːtətɪv]

形 推定上の, うわさの

the *putative* father of this child
(この子の父親と見られる人)

344 practitioner
[præktíʃ(ə)nər]

名 開業医；弁護士

a general *practitioner*（一般開業医）

★practice（名（医者［弁護士］の）業務［営業］, 診療所［事務所］ 自 医者［弁護士］を開業する［している］)

345 reproductive
[rìːprədʌ́ktɪv]

形 生殖の；再生の；複写の

reproductive organs（生殖器）

the *reproductive* capacity of the memory
（記憶の再現能力）

⇨ reproduce 他 を再生させる；を繁殖させる

⇨ reproduction 名 再生, 再現

346 paradox アク
[pǽrədɑ̀ks]

名 逆説, パラドックス；つじつまの合わないもの［言説, 人］

⇨ paradoxical 形 逆説の；逆説的な；矛盾する

347 cross-sectional
[krɔ́ːssékʃ(ə)nəl]

形 横に切断された；断面の；横断的な

a *cross-sectional* study（横断的研究）

⇨ cross section 名 横に切ること；横断面, 断面図

⇨ cross-section 他 を横に切る

348 invariant
[ɪ̀nvé(ə)riənt]

形 変化しない, 不変の, 一様の
(= invariable)

名 数 不変式, 不変量

349 stochastic
[stəkǽstɪk]

形 確率（論）的な；推計の

a *stochastic* function（確率関数）

stochastic limits（推計限度［限界］）

350 manifestation
[mæ̀nəfəstéɪʃən]

名 明示；現れ；（政治的）示威行動；（幽霊の）出現

文系・理系共通語彙

the human spirit and its manifold *manifestations*
(人間の精神とその多様な表現)
a stormy *manifestation* of patriotism
(猛烈な愛国心の発露)

351 precision
[prɪsíʒən]

名 正確, 精密；精度
with *precision*（正確に）
形 精密な；高精度の
a *precision* instrument（精密器械）
a *precision* gauge（精密計器）
⇨ precise **形** 正確な, 精密な

352 transient
[trǽnʃənt]

形 一時の, つかの間の；はかない；短期滞在の
a *transient* smile
（すぐに消えて行く微笑）
transient success（はかない成功）
名 短期滞在客；季節労働者

353 postulate 発音
動 [pástʃulèɪt]
名 [pástʃulət]

他 （自明なこととして）を仮定する, を前提とする
postulate the inherent goodness of humankind（人間が生来善良なものであると仮定する）
名 仮定, 前提 [必要] 条件；**数** 公準

354 activate
[ǽktəvèɪt]

他 を作動させる；を活動的にする；**物理** に放射能を与える；**化** を活性化する
activate a pop-up menu
（ポップアップメニューを立ち上げる）
activate carbon（炭素を活性化する）
⇨ activation **名** 作動させる [活動的にする] こと；**物理** 放射化；**化** 活性化

355 subtle
[sʌ́tl]

形 微妙な；微細な；鋭敏な；（溶液などが）薄い
a *subtle* flavor（ほのかな香り）

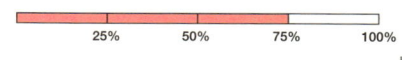

The difference is very *subtle*.
(その相違は微妙だ)
subtle insight（鋭い洞察力）
⇨ subtlety 名 微妙さ

356 sic
[sík]

副 原文のまま
★誤りや疑問のある文を引用するときに(sic)と付記する
He signed his name as e.e. cummings (*sic*).（彼は e.e. cummings（原文ノママ）と署名した）

357 resistant
[rɪzístənt]

形 抵抗する；（しばしば合成語で）耐性のある
Conservative people are often *resistant* to change.
（保守的な人はよく変化に抵抗する）
fire-*resistant* building materials
（耐火建材）
⇨ resist 他 に抵抗する

358 logistic
[loʊdʒístɪk]

形 （物資などの）配送［補給］の；物流の；兵站（へいたん）（学）の；数 ロジスティックな
logistic difficulties（補給上の困難）
a *logistic* curve
（統計 ロジスティック曲線）

文系・理系共通語彙

■「つかの間の」の使い分け

transient：ほんの短い間だけ続く《格式ばった語》
transitory：本質的に過ぎ去る［終わる］に決まっている
ephemeral：一日しか続かないほど非常に短命な《格式ばった語》
momentary：瞬間的に終わる
fleeting：迅速に過ぎ去ってつかまえておくことができない
evanescent：水蒸気のように瞬間的に現れすぐ消えてしまう《格式ばった語》

359 viable
[váɪəbl]

名 記号論理学；(logistics として)
[経営] ロジスティックス；兵站学
形 実行 [実現] 可能な (= feasible)；
[生物] 生存 [生育] できる
economically *viable*（経済的に可能で）
a 7-month *viable* fetus
（生育可能の7か月の胎児）
⇨ viability 名 実行 [実現] 可能性；(胎児・種子などの) 生存 [生育] 能力

360 subjective
[səbdʒéktɪv]

形 主観の，主観的な (⇔ objective)；
[文法] 主語の，主格の
It's a very *subjective* view.
（それはとても主観的な見方だ）
the *subjective* complement（主格補語）
⇨ subject 名 主題；対象；主語

361 asymmetry 発音
[eɪsímətri]

名 非対称性；不釣り合い；[数] 非対称；
[化] 不斉
⇔ symmetry 名 (左右) 相称，対称 (性)
  symmetry breakdown（対称性の破れ）
⇨ asymmetric(al) 形 非対称の；不釣り合いの；[化] 不斉の

362 generic
[dʒənérɪk]

形 一般的な；総称的な；ノーブランドの；[生物] (分類上の) 属の
a *generic* term（総括的な名称）
a *generic* name [term]（属名）
名 (しばしば複数形で) ノーブランド商品

363 retrospective
[rètrəspéktɪv]

形 回顧の；[法] 遡及 (そきゅう) 的な
a *retrospective* exhibition（回顧展）
a *retrospective* law（遡及法）
名 回顧展
⇨ retrospect 名 回顧 (⇔ prospect)
  in *retrospect*
  （回顧すると，振り返ってみると）

364 stationary
[stéɪʃənèri]

形 動かない, 静止した; 変化のない; 据え付けの

a *stationary* satellite（静止衛星）

a *stationary* population
（増減のない人口）

★stationery（文房具）

365 notation
[noʊtéɪʃən]

名 表記(法), 表示(法); [音楽]記譜法; 《主に米》記録, メモ

decimal *notation*（10進法）

chemical *notation*（化学記号法）

⇨ notate 他 記号で表す, 記号で示す; 記録する; [音楽]楽譜に記す

366 precipitate 発音
動 [prɪsípətèɪt]
形名 [prɪsípətət]

他 (よくないこと)の到来を促進する; を(ある状態へ)陥れる; [化]を沈殿させる; を凝結させる

This ill-advised Government policy has *precipitated* the crisis.（政府のこの軽率な政策がその危機を招いた）

自 [化]沈殿する; 凝結する

sulfides or oxides that *precipitate* out of the hot-spring water
（温泉の沈殿物として抽出される硫化物または酸化物）

形 早計な, 早まった

a *precipitate* action（軽率な行為）

名 [化]沈殿物; 凝結物

⇨ precipitation 名 [気象]降雨[雪], 降水(量); [化]沈殿(物); 大急ぎ, 大あわて

367 uniformly
[júːnəfɔ̀ːrmli]

副 一様に, 均等に, 一律に

The buildings were *uniformly* ugly.
（建物は一様に醜悪だった）

⇨ uniform 形 一様な, 均一の

文系・理系共通語彙

368 benchmark
[béntʃmàɚk]

名 規準；(測量の) 水準基標；[情報] ベンチマーク

run a *benchmark* (test) on a PC
(パソコン上でベンチマーク (テスト) を実行する)

他 を (基準によって) 評価する

369 artifact
[áɚtɪfækt]

名 (天然物に対して) 人工物；(考古学上の) 人工遺物；工芸品

★ artefact とも綴る

370 incremental
[ìŋkrəméntl̩]

形 増加の, ますます増加する, 増加量の

incremental cash flow
(増加する現金流動)

⇨ increment 名 増加, 増大；[数] 増分；[情報] インクリメント

371 logical
[ládʒɪk(ə)l]

形 論理的な (⇔ illogical)；論理 (学) 上の；必然の

His answer was very *logical*.
(彼の答えは実に理路整然としていた)

logical analysis (論理上の分析)

That's the *logical* result.
(それは当然の結果だ)

⇨ logically 副 論理的に；論理上；必然的に

⇨ logic 名 論理；論理学

372 commodity
[kəmádəti]

名 [経済] (しばしば複数形で) 必需品, 日用品；(農工業) 生産物, 商品；有用な品

commodity prices (物価)
household *commodities* (家庭用品)

373 synchrony
[síŋkrəni]

名 同時性, 同時発生 (= synchronism)；[言語] 共時態 [相], 共時的研究, 共時言語学

★ synchronicity (同時発生, 同時性；

(心理 共時性)

374 ethic
[éθɪk]

名 倫理, 道徳律

the Christian *ethic*（キリスト教道徳）

⇨ ethical（形 倫理的な, 道徳上の；道徳的な；（薬品が）処方箋なしには販売しない

★ ethics（名 倫理学；（複数扱いで）（個人・ある社会・職業の）道徳原理, 倫理, 道義, 徳義, モラル）

375 profound
[prəfáʊnd]

形 重大な；深い；心からの；（考え・学問などが）深遠な

a *profound* change（重大な変化）
profound sadness（深い悲しみ）
a person of *profound* learning
（学識の深い人）

⇨ profundity 名 重大さ；（感情などの）深さ, 激しさ；（考えなどの）深遠さ

376 negligible
[néɡlədʒəbl]

形 無視してよい；取るに足らない；わずかな（= insignificant）

a *negligible* factor
（取るに足らない要素）
a *negligible* amount（ごく少量）

⇨ negligibly 副 取るに足らないほどに
⇨ neglect 他 を無視する；を忘る
　　名 無視；怠慢

★ negligent（怠慢な；むとんちゃくな）

377 autonomy
[ɔːtánəmi]

名 自治；自治権；自治団体；自主性

local *autonomy*（地方自治）
fight for *autonomy* from the central government
（中央政府からの自治権を求めて戦う）

⇨ autonomous 形 自治権のある

378 dataset
[déɪtəsèt]

名 情報 データセット

★ 1単位として扱われる関連データの

文系・理系共通語彙

集まり

379 divergence
[dɪvə́ːdʒəns]

名 分岐, 逸脱；(意見などの) 相違；数 発散

the vast *divergence* between the two races (2種族間の大きな相違)
a *divergence* of opinion (意見の相違)
⇨ diverge 自 分岐する, 逸脱する；(意見などが) 分かれる；数 発散する

380 intuition
[ìnt(j)uíʃən]

名 直感, 直観；直観的知識 [事実]

by *intuition* (直観的に)
He had an *intuition* that there was something wrong.
(何かおかしいなと彼は直感した)
⇨ intuitive 形 直感 [直観] 的な

381 quadratic
[kwɑdrǽtɪk]

形 数 二次の

a *quadratic* equation (二次方程式)

名 数 二次式, 二次方程式

382 ecosystem
[ékoʊsìstəm]

名 生態系

disrupt an *ecosystem* (生態系を乱す)

383 vital
[váɪtl]

形 きわめて重大な, 不可欠な
(= crucial)；活力に満ちた；生命の

a *vital* question (死活問題)
Your support is *vital* for our success.
(我々が成功するためにはあなたの支持が欠かせない)
vital organs (生命をつかさどる器官)
⇨ vitality 名 活気；生命力

384 enrich
[ɪnríʧ]

他 を富ませる；(味・香り・色彩など) を濃厚にする；の栄養価を高くする；(土地) を肥やす；物理 を濃縮する

enrich a country by commerce
(貿易で国を富ませる)
enrich one's vocabulary by wide and careful reading (広く注意深く読書し

385 **speculate**
[spékjʊlèrt]

て語彙を増やす)
enriched uranium (濃縮ウラン)
⇨ enrichment 名 富ませること
自 思いめぐらす，推測をする；投機をする〈in, on〉
★十分な証拠や知識がなくて単に推測であれこれ考えるという意味のことが多い
Philosophers have been *speculating* on the rules of human relationships for thousands of years.
(哲学者は何千年もの間人間関係の規則について思索してきた)
speculate in stocks [shares]
(株に手を出す)
他 と推測する
He *speculated* that this might lead to success. (彼はこれをやれば成功するかもしれないと考えた)
⇨ speculation 名 思索；投機
⇨ speculative 形 思索的な；投機的な

386 **foster**
[fástɚ]

他 を育成[助長]する；(実子でない者)を養育する
foster foreign trade [musical ability]

文系・理系共通語彙

■「育てる」の使い分け

raise：人・植物・動物などを育てるのに広く用いられる
bring up：子供などを養育する[育てる]ことで最も普通の意味をもつ
rear：raise とほぼ同じ意味をもつがやや格式ばった語
foster：実子でない子供を一定の期間養育する
nurse：幼い者，若木などについて特に注意してはぐくみ育てる
nurture：nurse と同じで格式ばった語
breed：主として家畜などを飼育する意味での育てる。人の場合は通例受身形で用いられる

(外国貿易[音楽的才能]を促進する[伸ばす])

foster the arts（諸芸術を奨励する）

形 (血縁や法的親子関係でなく)養育した

a *foster* child [parent]
（養い子[親]，里子[親]）

387 ascertain
[æ̀sərtéɪn]

他 を確かめる，を突き止める

We must *ascertain* whether it is his signature.（彼の署名かどうかを確認しなければならない）

ascertain the cause of death
（死因を突き止める）

388 anomaly
[ənɑ́məli]

名 変則，例外，異常；[天文] 近点角

various recent *anomalies* in the weather
（最近の気候の様々な異変）

389 verbal
[vɚ́ːb(ə)l]

形 口頭の（= spoken, oral）；ことばの
（⇔ nonverbal）；**[文法] 動詞の**
★written（書面の）

a *verbal* promise（口約束）
a *verbal* report（口頭報告）
verbal communication
（ことばによる意志伝達）

名 [文法] 準動詞（形）

⇨ verbally 副 ことばで，口頭で

390 breakdown
[bréɪkdàʊn]

名 故障；破損；崩壊；決裂；(心身の)衰弱；内訳；説明

a *breakdown* in negotiations
（交渉の決裂）

have [suffer] a *breakdown*
（ノイローゼになる）

a detailed *breakdown* of the figures
（その数字の詳細な内訳）

391 propagate
[prápəgèɪt]

他 (考えなど)を普及させる；を繁殖させる；(音・振動など)を伝える

propagate doctrines (教義を広める)

Plants of this strain *propagate* themselves rapidly.
(この種の植物は繁殖が速い)

自 繁殖する, 増殖する

⇨ propagation 名 普及；繁殖；伝播 (でんぱ)

392 restraint
[rɪstréɪnt]

名 抑制；自制心；拘束；(通例複数形で) 抑制力

free from *restraint* (束縛のない, 自由な)

in *restraint* of ...
(…を抑制 [抑止] するために)

press *restraints* (報道制限)

⇨ restrain 他 を抑える；を制限する

393 illuminate
[ɪlú:mənèɪt]

他 を照らす, を照明する；にイルミネーションを施す；に光明を投じる；を啓発する

He *illuminated* the problem for us.
(彼は我々のためにその問題点を解明してくれた)

an *illuminating* caption
(啓発的な [理解を助ける] 説明文)

⇨ illumination 名 照らすこと, 照明

文系・理系共通語彙

---

restraint のコロケーション

be put [kept] under *restraint* (監禁 [拘禁] される [されている]《特に精神病院に》)
impose *restraints* on ... (…を規制する)
keep under *restraint* (監禁 [束縛] しておく)
show *restraint* (慎む, 控える)
without *restraint* (自由に, のびのびと, 遠慮なく)

394 augment アク
[ɔːgmént]

他 を増加[増大]させる, を増やす
自 増加する, 増す

Minerals *augment* by accretion.
(鉱物は外からのものが付着することによって大きくなる)

⇨ augmentation 名 増加, 増大；増加物, 添加物

395 eligible
[élɪdʒəbl]

形 (選ばれる)資格がある, 適格の
(⇔ ineligible)

be *eligible* for membership
(会員となる資格がある)

⇨ eligibility 名 (選ばれる)資格のあること, 適任, 適格

396 infrastructure
[ínfrəstrʌ̀ktʃɚ]

名 基礎構造；[経済] 経済[産業, 社会]基盤, インフラ, 基幹部門

We must increase investment in our country's *infrastructure*.
(我が国の社会基盤への投資を増やすことが必要だ)

397 convey
[kənvéɪ]

他 (考え・感情など)を伝える；を運ぶ, を運搬する；[法] を譲渡する

Words fail to *convey* my feelings.
(言葉では私の感情は表せない)

convey passengers (乗客を運ぶ)

⇨ conveyance 名 運搬, 運送；伝達

398 noteworthy
[nóʊtwɚ̀ːði]

形 注目すべき (= notable)；顕著な, 著しい

399 elimination
[ɪlìmənéɪʃən]

名 除去, 削除；予選；[数] 消去(法)；[生理] 排出

seek [achieve] the *elimination* of nuclear weapons (核兵器の除去を求める[達成する])

by a process of *elimination* (消去法で)

⇨ eliminate 他 を除去する；を削除する

400 pragmatic
[prǽgmæṭɪk]

形 **実用本位の，実際的な**（= realistic）; **実用主義の**
pragmatic lines of thought
（実用主義的な考え方）
⇨ pragmatically 副 実用的に
⇨ pragmatism 名 [哲] 実用主義，プラグマティズム

401 absorb
[əbsɔ́ːrb]

他 **を吸収する; を併合する**〈into, by〉**; を夢中にさせる**
Minerals and vitamins are not always fully *absorbed*.
（ミネラルとビタミンはかならずしも完全には吸収されない）
The neighboring villages were *absorbed* into [by] the city.
（近隣の村々はその市に併合された）
⇨ absorption 名 吸収; 併合
⇨ absorptive 形 吸収する，吸収性の
⇨ absorbent 形 吸収性の 名 吸収剤

402 multivariate
[mʌltɪvéri(ə)riət]

形 [統計] **独立したいくつかの変数のある，多変量の**
multivariate analysis（多変量解析）
multivariate normal distribution
（多変数の正規分布）

403 extinction
[ɪkstíŋ(k)ʃən]

名 **死滅，絶滅，消滅; 廃止; 鎮火**
The species are threatened with *extinction*.
（その種は絶滅の危機に瀕している）

文系・理系共通語彙

■「増加する」の使い分け

increase：かさ・数・程度などを(次第に)大きくする
enlarge：かさ・容積を前よりも大きくする
multiply：数・量を大いに増やす
augment：(すでに相当のかさ・数のあるものを)増やす《格式ばった語》

the gradual *extinction* of a debt
(負債の段階的な消滅)
⇨ extinct 形 絶滅した；消滅した
⇨ extinguish 他 (火など)を消す

404 parenthesis
[pərénθəsɪs]

名 (通例複数形で) 丸括弧, パーレン； 文法 挿入語句
★複数形は parentheses
put ... into [in] *parentheses*
(…を括弧に入れる)
in *parentheses*
(括弧に入れて；ついでながら)

405 rigorous
[ríg(ə)rəs]

形 厳密な, 精密な；(人・規律などが) 厳格な；(寒さなどが) 厳しい
The inspection is *rigorous*.
(その検査は厳密である)
rigorous discipline (厳格なしつけ)
⇨ rigor 名 厳しさ；厳密さ

406 ascribe
[əskráɪb]

他 (原因・動機・出所など)を(…に)帰する；(結果など)を(…の)せいにする 〈to〉
The alphabet is *ascribed* to the Phoenicians. (アルファベットはフェニキア人が作ったとされている)
He *ascribed* his failure to bad luck.
(彼は失敗は不運のせいだと言った)

407 mutually
[mjúːtʃuəli]

副 相互に, 互いに
The two ideas are *mutually* exclusive.
(その2つの考えは相容れない)
⇨ mutual 形 相互の；共同の

408 periodic
[pì(ə)riádɪk]

形 周期的な, 定期的な；天文 周期運動をする
the *periodic* table ((元素)周期表)
periodic checkups (定期検診)
⇨ period 名 期間；周期

文系・理系共通語彙

409 **uniquely** [juːníːkli]
副 独特で；比類なく
uniquely Japanese manners（日本独特の作法）
⇨ unique 形 唯一の；独特な

410 **endorse** [ɪndɔ́ːrs]
他 (行動・意見など)を支持する；(広告で)(商品)を推奨する；(小切手など)に裏書きする
The committee *endorsed* the party's proposal.
（委員会は党の提案の支持を決めた）
endorse a check（小切手に裏書きする）
⇨ endorsement 名 是認；裏書き

411 **massive** [mǽsɪv]
形 大きくて重い；がっしりした；大規模な；定量以上の
a *massive* earthquake（大規模地震）
on a *massive* scale（大規模に）
massive hemorrhage（大量出血）
⇨ mass 名 大きな塊；多数, 多量

412 **dissociation** [dɪsòʊsiéɪʃən]
名 分離(作用[状態])；(意識・人格の)分裂；化 解離
dissociation of consciousness [personality]（意識[人格]の分裂）

括弧の言い方

parentheses,《英》(round) brackets	丸括弧 ( )
angle brackets	かぎ括弧〈 〉
《米》brackets,《英》square brackets	角括弧 [ ]
braces	大括弧 { }

■─「…に帰する」の使い分け

ascribe：あることの起源が人や物に帰属すると考える
attribute：(性質・要因・責任を) 人や物のものであるとする
impute：(通例悪いものを) 人・物のせいにする《格式ばった語》
credit：(人が) ある長所・美点をもっていると信じる

⇨ dissociate 他 を分離する

413 gauge 発音
[géɪdʒ]

名 計器, 計量器；判断基準；標準寸法[規格]

★《米》ではしばしば gage とも綴る

The pressure in the tube was measured by a *gauge*.
(管内の圧力は計器で測定された)

Popularity is seldom a true *gauge* of one's ability. (人気は人の能力の真の基準にはめったにならない)

他 を正確に測定する

gauge the velocity of the wind
(風速を測る)

414 terminology
[tə̀ːmənálədʒi]

名 (集合的に) 術語, (専門) 用語；(特殊な) 用語法

★個々の術語は term

technical *terminology* (専門語)
chemical *terminology* (化学用語)

415 confound
[kənfáʊnd]

他 を困惑させる；を混同する；(計画など) をくじく；に反論する

That problem *confounded* me.
(その問題に私はまごついた)

confound public affairs with private (ones) (公私を混同する)

416 corollary
[kɔ́ːrəlèri]

名 当然の[必然的] 結果 ⟨of⟩；付随するもの；推論；数 系

形 結果として生じる；付随する

417 instantiate
[ɪnstǽnʃièɪt]

他 を (具体) 例を挙げて説明する, を例示する

⇨ instantiation 名 具体化, 具体例

418 incur
[ɪnkə́ː]

他 (損害・危険など) を招く；(負債・損失など) を負う

Her behavior *incurred* the teacher's anger.

(彼女の行動は教師の怒りを買った)
incur huge debts
(大きな負債を抱える)

419 controversial
[kὰntrəvə́ːʃ(ə)l]

形 **論争の的になる, 物議をかもす**

a *controversial* decision [statement]
(論争を招くような決定［言説］)
a *controversial* figure
(議論の的になる人物)
⇨ controversy 名 論争

420 default
[dɪfɔ́ːlt]

名 **(義務などの)不履行；(競技の)欠場**；[情報]**デフォルト, 初期設定(値)**

go into *default*（債務不履行に陥る）
win [lose] a game by *default*
(不戦勝［敗］になる)
a computer's *default* configuration
(コンピューターの初期設定)

自 **義務を怠る；(試合に)欠場する**

default on $600 million in loans
(6億ドルの債務の履行を怠る)

421 deficiency
[dɪfíʃənsi]

名 **不足, 欠乏；不足分[量, 額]；欠陥**

a vitamin C *deficiency*
(ビタミン C の不足)
She made up for her *deficiencies* in talent by practice.
(彼女は才能不足を練習で補った)
the *deficiencies* in our plan
(我々の計画の不備な点)
⇨ deficient 形 不足した

文系・理系共通語彙

---

gauge のいろいろ

depth gauge（水深計）　　gasoline gauge（燃料計）
pressure gauge（圧力計）　oil pressure gauge（油圧計）
rain gauge（雨量計）　　　wind gauge（風力計）

422 disclose
[dɪsklóʊz]

他 (秘密など)を明らかにする;を暴露する;を公開する

He *disclosed* his intentions to us. (彼は我々に自分の意図を明らかにした)
disclose a secret (秘密をすっぱ抜く)
⇨ disclosure 名 暴露;公開

423 trivial
[trívɪəl]

形 ささいな, つまらない;平凡な

trivial matters [mistakes]
(ささいな事柄[誤り])
⇨ triviality 名 つまらないこと, 平凡
⇨ trivialize 他 (問題など)を平凡なものにする, つまらなく[矮小化]する

424 immunity
[ɪmjúːnəti]

名 (責任・義務の)免除, 免責 〈from〉
(= exemption); 医 免疫(性)

immunity from taxation (免税)
active *immunity* (能動免疫)
passive *immunity* (受動免疫)
⇨ immune 形 免疫の;免除された

425 disperse
[dɪspə́ːrs]

他 を分散させる (= scatter);(雲・霧)を消散させる

disperse a crowd (群衆を追い散らす)

自 分散する, 散らばる

The rebels *dispersed* at the sight of the troops. (反逆者は軍隊の姿を見るとちりぢりに去っていった)
⇨ dispersion 名 分散;(the D- で)ユダヤ人の離散, ディアスポラ(Diaspora)

426 vulnerable
[vʌ́ln(ə)rəbl]

形 傷つきやすい, 攻撃されやすい, 脆弱(ぜいじゃく)な;(病気などに)かかりやすい

a *vulnerable* young person
(傷つきやすい若者)
The computer system is *vulnerable* to outside attacks. (そのコンピューター

システムは外部からの攻撃に弱い）
be *vulnerable* to infection
（病気の感染を受けやすい）
⇨ vulnerably 副 もろく；傷つきやすく
⇨ vulnerability 名 傷つきやすいこと，弱さ，もろさ，脆弱性

427 percentile
[pɚséntaɪl]

名 形 統計 百分位数（の）
He is in the 99th *percentile* (rank) for height.（彼は身長で98％から99％の間に属している）

428 efficiently
[ɪfíʃəntli]

副 能率的に，効率よく
⇨ efficient 形 効率的な；有能な

429 volatile 発音
[vάlətl]

形 （状況などが）変わりやすい；気まぐれな；化 揮発性の
The political situation in the country is still *volatile*.（その国の政治情勢は依然不安定である）
a *volatile* temper（かっとなりやすい気性）
a *volatile* substance（揮発物）
⇨ volatility 名 不安定；化 揮発性

430 covariate
[kòʊvé(ə)riət]

名 統計 数 共変量[数]
⇨ covariant 形 数 （微分・指数など）共変の[する]
★ covariation（名 数 共変動）

431 toxic
[tάksɪk]

形 有毒な（= poisonous）；中毒(性)の
toxic waste（有毒廃棄物）
toxic smoke（毒煙，毒ガス）
toxic symptoms（中毒症状）

文系・理系共通語彙

「つまらない」の使い分け

petty：《軽蔑》同種のもののうちで最も小さく重要でない
trivial：つまらなく平凡で取るに足りない
trifling：非常に少なくて重要でないため無視してよい
paltry：軽蔑に値するほど価値がない

名 有毒物質
⇨ toxicity 名 毒性(の強さ)

432 rigidity
[rɪdʒídəti]

名 堅いこと, 硬直；厳格；堅苦しさ；[物理] 剛性
⇨ rigid 形 厳格な；堅い
a man of *rigid* beliefs
(厳格な信念の人)

433 exemplify
[ɪgzémpləfàɪ]

他 を例証する, を例示する；のよい例となる
It *exemplifies* the worst aspects of capitalism. (それは資本主義の最悪の側面を例示している)
These facts *exemplify* the correctness of my statement. (これらの事実は私の陳述の正しさを実証している)

434 attenuate 発音
動 [əténjuèɪt]
形 [əténjuət]

他 を細くする；を弱める；を薄める；[医] を弱毒化する；[電気] を減衰させる
自 細る；弱まる；薄まる
形 薄い, 希薄な；弱まった；[植物] (葉が)先細の, 漸先形の
⇨ attenuation 名 細くなること；衰弱, 弱化；希薄化；[医] 弱毒化；[電気] 減衰

435 iterative
[ítərèɪtɪv]

形 反復の；[情報] 繰り返しの
⇨ iteration 名 反復 (= repetition)；[情報] (一定の処理などの)繰り返し, イテレーション

436 reservoir 発音
[rézɚvwɑ̀ɚ]

名 貯水池, 貯蔵所；(知識などの)蓄積, 宝庫
This *reservoir* can't supply enough water for the whole town.
(この貯水池は町全域に対して十分な水を供給できない)
a *reservoir* of facts [knowledge, talent]
(事実 [知識, 人材] の宝庫)

文系・理系共通語彙

437 equity [ékwəti]
名 公平, 公正 (= fairness); 商 総資産額; (通例複数形で) 普通株; 法 衡平法
negative *equity* (負の資産, 担保割れ)
a court of *equity* (衡平法裁判所)

438 reciprocity [rèsəprásəti]
名 相互関係; 交換; 商 相互利益, 互恵主義
a *reciprocity* treaty (互恵条約)
⇨ reciprocal 形 相互の; 互恵的な; お返しの; 数 相反の, 逆の

439 diagnostic [dàıəgnástık]
形 診断(上)の; (病気の) 症状を示す
diagnostic reading tests
(読書力診断テスト)
a *diagnostic* program (診断プログラム)
⇨ diagnosis 名 診断; 診断書
⇨ diagnose 他 を診断する

440 latent [léıtənt]
形 隠れている, 見えない (= hidden); 潜在的な; 医 潜伏性の
dangers *latent* in the situation
(その事態の底に潜む危険)
latent abilities (潜在能力)
the *latent* period ((病気の)潜伏期)
⇨ latency 名 隠れていること, 見えないこと; (病気などの)潜伏(期), 潜在

441 structurally [stráktʃ(ə)rəli]
副 構造的に, 構造上
⇨ structural 形 構造上の
⇨ structure 名 構造, 構成

442 bilateral [bàılǽtərəl]
形 両側のある; 2面の; 生物 左右相称の; 2国[者]間の; 法 双務的な

■「潜在的な」の使い分け

latent：内に隠されていて表面に現れていない
dormant：かつては活動的であったが, いまは休止している
potential：未発達の状態にあるが, 将来発達する可能性のある

★ unilateral（1面の）/ multilateral（多面的な）

bilateral symmetry
（(身体の)左右相称）

a *bilateral* relationship（2国間関係）

a *bilateral* contract [agreement]
（双務契約[協定]）

443 anonymous
[ənánəməs]

形 匿名の；作者不明の；特徴のない

an *anonymous* letter（匿名の手紙）

The donor remained *anonymous*.
（その寄贈者は名前を明かさなかった）

⇨ anonymously 副 匿名で，名を明かさないで

⇨ anonymity 名 匿名(性)，無名(の人[もの])；作者不明；特徴のないこと

444 assure
[əʃúər]

他 に保証する；を納得させる；を確実にする

★「確実にする」の意味では ensure のほうが一般的

I can *assure* you that he's sincere.
（彼が誠実なことは請け合うよ）

The right of habeas corpus is *assured* by act of law.（人身保護の権利は法律に基づいて保証されている）

This *assures* our success.
（これで成功は確実だ）

⇨ assurance 名 保証，請け合い；確実

⇨ assuring 形 保証する（ような）；自信を与える（ような），心強い

445 sophisticate
動 [səfístəkèit] 発音
名 [səfístəkət]

他 (機械など)を複雑化する，を精巧にする；を世慣れさせる

名 洗練された人；世慣れた人

⇨ sophisticated 形 洗練された；高性能の

文系・理系共通語彙

446 **devise**
[dɪváɪz]

a *sophisticated* device（精巧な装置）
⇨ sophistication 名（知的）洗練；高機能化；世慣れていること

他 を工夫する，を考案する；法（不動産）を遺贈する
★動産については bequeath を用いる
We must *devise* methods for recycling waste products.
（私たちは廃棄物を再生利用する方法を考え出さなければならない）

447 **intrigue** アク
名 [íntriːɡ]
動 [ɪntríːɡ]

名 陰謀，策謀；不義，密通
自 陰謀を企てる〈against〉
intrigue with the enemy against the government（敵と手を組んで政府に対して陰謀を企てる）
他 の好奇心［興味］をそそる
I was greatly *intrigued* by his story.
（彼の話にひどく興味をそそられた）
⇨ intriguing 形 好奇心をあおる，興味をそそる，おもしろい

448 **ambiguous**
[æmbíɡjuəs]

形 両義に取れる，多義の；あいまいな；不明瞭な
The law is intentionally *ambiguous* on that point.（法律はその点に関しては意図的にあいまいだ）

■「あいまいな」の使い分け

obscure：見方が悪いか，あるいは隠れて見にくいために不明瞭なこと
vague：精密さ，精確さが欠けているために不明瞭なこと
ambiguous：2つ以上の意味にとれるために不明瞭なこと
equivocal：2つ以上の意味にとれるために不明瞭なことだが，ambiguous と違ってわざとあいまいにしようとする意図を含む

an *ambiguous* sentence（あいまいな文）
⇨ ambiguity 名 両義性，多義性；あいまい，不明瞭；あいまいな表現

449 penetrate
[pénətrèit]

他 に突き通る；を貫く；に浸透する；に潜入する；を見抜く

Nationalism *penetrated* the whole country.（民族主義が全国に浸透した）

自 通る；貫く；浸透する，しみ込む

The latex paints tended to *penetrate* better.
（ラテックス塗料のほうが（ほかと比較して）しみ込みの具合がよかった）
⇨ penetration 名 浸透；貫通
⇨ penetrative 形 浸透する；貫通する

450 mitigate
[mítəgèit]

他 （痛みなど）を和らげる，を静める；（刑罰）を軽減する

mitigate heat [cold]
（暑さ［寒さ］を和らげる）
mitigate a punishment（罰を軽くする）
⇨ mitigation 名 緩和；鎮静

451 dyad
[dáiæd]

名 （一単位としての）二，二個一組，二個群；数 ダイアド

452 posterior
[pɑstí(ə)riɚ]

形 （時間が）後の（⇔ prior）；医 後部の（⇔ anterior）

various events that happened *posterior* to the end of the war
（終戦後に起きたさまざまな事件）
the *posterior* parts of the body（体の後部）

名 しり，臀部（でんぶ）（= buttocks）
⇨ posterity 名 後世［後代］（の人々）；子孫（⇔ ancestry）

453 supplementation
[sÀpləmentéiʃən]

名 補給，補足

mineral *supplementation*
（ミネラルの補給）

⇨ supplement 名 補足；栄養補助食品 他 を補う

454 inventory アク
[ínvəntɔ̀:ri]

名 目録, 棚卸し表；《米》会計 在庫品調べ, 棚卸し

an *inventory* of books（蔵書目録）
make an *inventory* of the stock
（在庫品の目録を作る）
inventory control（在庫管理）

他 の（完全な）目録を作る；を目録にのせる

455 dissolution
[dìsəlú:ʃən]

名 （議会・組織などの）解散；（結婚などの）解消；消滅；分離

⇨ dissolve 他 を溶かす；を解散する 自 溶ける

456 abstraction
[æbstrǽkʃən]

名 抽象概念；放心（状態）；化 抽出

talk in (empty) *abstraction*
（抽象的な話し方をする）
with an air of *abstraction*
（呆然と，うわの空で）

⇨ abstract 形 抽象的な 名 抽象観念；要約 他 を抽出する

457 repression
[rɪpréʃən]

名 抑圧, 鎮圧, 制止；心理 抑圧

the *repression* of dissidents
（反体制派の弾圧）

⇨ repress 他 を抑える；を抑えつける

458 assimilation
[əsìməléɪʃən]

名 同化；融合；吸収

⇨ assimilate 他 自 同化する；融合する；吸収する［される］

459 duality
[d(j)u:ǽləti]

名 二重性, 二元性；数 双対（そうつい）性

⇨ dual 形 二重の；二元的な；数 双対の

460 consecutive
[kənsékjuṭɪv]

形 連続する, 引き続く（= successive）
consecutive holidays（連休）

Prices have been rising for five *consecutive* months.
(物価が5か月連続で上昇中だ)
⇨ consecutively 副 連続して, 連続的に

461 delineate
[dɪlínièɪt]

他 を(正確に)描写[叙述]する；(境界・範囲など)を定める；を線で描く, の輪郭を描く

delineate character (性格描写をする)
⇨ delineation 名 描写, 叙述；線描；(境界・範囲などの)決定, 区画；図形

462 contamination
[kəntæmənéɪʃən]

名 汚染, 汚濁

radioactive *contamination* (放射能汚染)
⇨ contaminate 他 を汚染する；を悪に染まらせる
⇨ contaminant 名 汚染物質, 汚染菌

463 dissemination
[dɪsèmənéɪʃən]

名 普及, 宣伝；[医] 播種, 転移

⇨ disseminate 他 を広める 自 広まる
disseminate culture
(文化を普及させる)

464 retrieve
[rɪtríːv]

他 を取り戻す, を回収する；を回復する；[情報] (情報)を検索する

★「検索する」の意味では, さがす (search for) だけでなくデータを取得することも含む

retrieve one's honor (名誉を挽回する)
The new system can *retrieve* data much faster. (新しいシステムはデータをいっそう速く引き出せる)

名 回復, 回収, 取り返し

beyond [past] *retrieve*
(回復の見込みがない)
⇨ retrieval 名 回復；[情報] (情報の)検索

465 intersect
[ìntərsékt]

他 (通例受身で)を横切る；と交差する

The line AB *intersects* the line CD at

文系・理系共通語彙

the point E.（線分 AB は点 E において線分 CD と交わる）

自 交わる，交差する

The lines *intersect* at right angles.
（その線は直角に交差する）

⇨ intersection 名 交差；交差点

466 **discern**
[dɪsə́ːn]

他 を認める；を見分ける

★進行形なし

discern differences between A and B
（A と B の相違点に気づく［が分かる］）

discern good and evil
（善と悪とを見分ける）

⇨ discernible 形（はっきり）認められる；見分けられる

467 **spontaneously**
[spɑntéɪniəsli]

副 自発的に；自然に

An ice crystal propagates *spontaneously*.
（氷の結晶はひとりでに増えていく）

⇨ spontaneous 形 自発的な，任意の
⇨ spontaneity 名 自発性；自然さ

468 **endeavor**
《英》endeavour
[ɪndévər]

自 （…しようと）努力する〈to *do*〉

★try のほうが一般的

endeavor to promulgate the doctrine
（その教義を流布［普及］させようと努める）

■「取り返す」の使い分け

recover：（失ったものを）取り戻す《最も一般的な語》
regain：（奪われたものを）取り戻す
retrieve：手の届きにくいところにあるものを苦労して取り戻す《格式ばった語》
recoup：元来法律用語で，損失・費用などを取り戻す
restore：失われたものを元に戻す。（信頼などを）回復する，（建物などを）復旧する
reclaim：人に与えたり失ったりした後で取り戻そうとする。また開拓・埋め立てなどで（土地を）手に入れる

名 努力, 真剣な試み

The government made every *endeavor* to stop inflation.（政府はインフレを止めようとあらゆる努力をした）

469 transparent
[trænspǽrənt]

形 透明な, 透き通った (⇔ opaque);（文体などが）平明な; 率直な; 見え透いた

transparent glass（透明なガラス）
a *transparent* lie（見え透いたうそ）

⇨ transparently 副 透き通って; 明白なほど

⇨ transparency 名 透明, 透明性［度］; OHPフィルム, スライド

470 overview
[óuvərvjùː]

名 概観; 大要 (= summary)

give an *overview* of ...
（…の概略を述べる）

He gave us an *overview* of events.
（彼は我々に事件の大要を伝えた）

471 conform
[kənfɔ́ːm]

自（規則・慣習などに）従う; 一致する

We must *conform* to the customs of the country.（その国の慣習に従わなければならない）

The outcome did not *conform* to our expectations.（結果は我々の見込みどおりにならなかった）

他（規則・慣習など）に従わせる; と同じにする

⇨ conformable 形 準拠して; 従順な
⇨ conformity 名（規則・慣習などに）従うこと

472 discontinuity
[dìskɑ̀ntɪn(j)úːəti]

名 不連続(性); 途切れ; 数 不連続点

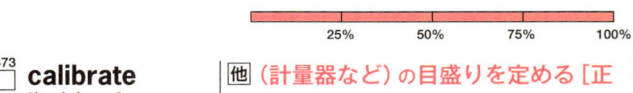

473 calibrate
[kǽləbrèɪt]

他 (計量器など)の目盛りを定める [正す, 調整する]; の口径 (caliber) を測定する

⇨ calibration 名 口径測定; 目盛り定め;（複数形で）目盛り

474 utilization
[jùːtəlɪzéɪʃən]

名 利用; 設備使用率
CPU *utilization*（CPU 使用率）
⇨ utilize 他 を利用する, を役立たせる

475 salient
[séɪliənt]

形 顕著な, 目立った; 突出した
a *salient* feature（特徴）
the *salient* points of a speech
（演説の主要点）
a *salient* angle（**数** 凸角）
名 (戦線などの)突出部

476 deploy
[dɪplɔ́ɪ]

他 (軍隊)を展開する, を配置する;（兵器)を配備する; を効果的に用いる
deploy troops for battle
（軍隊を戦闘配備する）
自 (軍隊が)展開する, 配置される
⇨ deployment 名 (軍の)展開, 配置;（兵器の)配備

477 pursuit
[pərsúːt]

名 追求; 続行; 追跡;（通例複数形で)従事, 仕事, 研究, 趣味
the *pursuit* of happiness [knowledge]
（幸福[知識]の追求）
in *pursuit* of ...
（…を追って, …を得ようとして）
scientific *pursuits*（科学的な研究）
by *pursuit*（職業は）
⇨ pursue 他 を追求する, を遂行する

文系・理系共通語彙

■「透明な」の使い分け

transparent：反対側のものがはっきり見えるほど透明な
translucent：光は通るが反対側のものが見えるほどではない

文系共通語彙

001 treaty
[tríːti]

名 (国家間の正式な) 条約；(個人間の) 約束, 約定

a peace [friendship] *treaty*
(平和 [友好] 条約)

002 jurisdiction
[dʒù(ə)rɪsdíkʃən]

名 司法権, 裁判権；支配 (権)；管轄 (権)

have *jurisdiction* over ... (…を管轄する)

003 judicial
[dʒuːdíʃəl]

形 司法の, 裁判の；判断力のある；公正な

the *judicial* system (司法制度)
★administrative, executive (行政の) / legislative (立法の)

004 cite
[sáɪt]

他 (章句・判例など) を引用する；に言及する；[法] (人) を (…のことで) (法廷へ) 召喚する ⟨for⟩

cite a number of authorities to support one's views (自説の裏づけに多くの権威者を引き合いに出す)

⇨ citation **名** 引用, 引用文 [句, 個所]；[法] (法廷への) 召喚 (状)

005 statute
[stǽtʃuːt]

名 成文法, 法令；規則 (= rule), 定款 (ていかん)

statutes at large (法令集)
by *statute* (法令によって) ★無冠詞
⇨ statutory **形** 法定の, 法令による

006 executive
[ɪgzékjuṭɪv]

名 (企業などの) 管理職 (員)；経営者, 経営陣 (★個人にも全体にも用いる)；(the ～で) (政府の) 行政部

the chief *executive* (社長)

形 管理の, 経営の；行政 (上) の, 行政的な

executive talents (管理の手腕)
an *executive* officer
(行政官；社長, 役員；副官)

007 dispute アク
名 [díspju:t]
動 [dispjú:t]

名 論争, 議論；口論〈with〉；紛争；争議〈about, over, with〉
be open to *dispute*（議論の余地がある）
an international *dispute*（国際紛争）
他（説・事実・主張など）に異議を唱える, に反論する；について論争[議論]する（= argue）
We *disputed* the election results.
（選挙の結果に疑義を提起した）
自 論争する（= argue）；（…のことで）口論する〈about, over, with〉
⇨ disputable 形 議論の余地のある；疑わしい

008 legislative アク
[lédʒɪslèɪtɪv]

形 立法の, 立法権のある, 立法府の
legislative measures（法的措置）
the *legislative* branch（立法機関）
名 立法府
⇨ legislate 自 法律を制定する
⇨ legislation 名 法律制定, 立法；（制定された）法律

009 defendant
[dɪféndənt]

名 （民事）被告,（刑事）被告人
（⇔ plaintiff）
形 被告方[側]の

文系共通語彙

■「議論」の使い分け

argument：事実や論理をもとにして自分の意見を主張したり, 自分と意見の違う人を説得しようとする議論
dispute：やや格式ばった語で理性や論理よりも現実に根ざした感情的な議論で, ある主張をくつがえそうとするものをいう
debate：一定のルールのもとに行われる公式の討論
discussion：互いに理性的に意見を交換して, ある問題を円満に解決しようとする共通の意図で行われる討論
controversy：重要な問題についての長期にわたる論争

010 tribunal
[traɪbjúːn(ə)l]

名 (集合的；単数または複数扱い) 裁判所, 法廷；判事席

the Hague *Tribunal*
(ハーグ国際司法裁判所)

put the matter before a *tribunal*
(その事件を裁判にかける)

011 doctrine
[dáktrɪn]

名 教義, 教理；学説；《米》(政策上の) 原則, 主義, 綱領

a defense *doctrine*（防衛政策）

012 congress
[káŋgrəs]

名 (C- で) (米国の) 議会, 国会；(中南米共和国の) 国会, 議会；(代表者などの正式の) 大会議, 評議員会, 学術大会

a member of *Congress*（国会議員）

an International PEN *congress*
(国際ペンクラブ大会)

⇨ congressional 形 国会の, 議会の

013 causal
[kɔ́ːz(ə)l]

形 原因の, 原因となる；因果関係の；[論理][文法] 原因を示す

a *causal* force（原因となる力）

a *causal* relation（因果関係）

⇨ cause 名 原因, もと；理由, 根拠

014 narrative
[nǽrətɪv]

名 物語, 話；(本の会話の部分に対して) 語りの部分

形 物語体 [風] の

narrative literature（説話文学）

⇨ narrate 他 を物語る, を (順序立てて) 述べる

⇨ narration 名 物語ること, ナレーション；物語；[文法] 話法

015 plea
[plíː]

名 嘆願；請願；[法] (通例単数形で) 申し立て, 抗弁

make a *plea* for mercy
(慈悲を嘆願する [願う])

enter a *plea* of guilty [not guilty]

(有罪[無罪]の申し立てをする)

★plead (自 嘆願する；弁護する 他 と弁解する；を弁護する)

016 **scope**
[skóup]

名 (知識・活動などの)範囲；視界, 視野

That is outside the *scope* of this study.
(それはこの研究の範囲外だ)

His idea is limited in *scope*.
(彼の考え方は視野が狭い)

017 **impose**
[ɪmpóuz]

他 (税金・義務など)を課す；を負わせる；を押しつける, を強いる

They *imposed* a heavy tax on luxury goods.
(ぜいたく品に重い税金が課された)

impose one's views on others
(自分の意見を他人に強いる)

⇨ imposition 名 課すること, 課税；課されたもの, 税；つけ込むこと〈on〉

018 **asset**
[ǽset]

名 (通例複数形で) 資産, 財産；(通例単数形で) 有利[有用, 貴重]なもの[人], 利点

fixed *assets* (固定資産)

This country has an abundance of cultural *assets*.
(この国には文化財が多い)

019 **stakeholder**
[stéɪkhòuldɚ]

名 出資者；利害関係者；法 係争物受寄者 (じゅきしゃ)

★stake (名 賭(か)け, (複数形で) 賭け

文系共通語彙

■「範囲」の使い分け

range：心や感覚によって理解される[感じられる]範囲, または理解の力の及ぶ範囲全体

reach：手を伸ばして届く範囲, または理解・知識・能力や効果・影響の及ぶ限界

scope：理解・視野・適用などの及ぶ範囲・領域・程度；特に, その範囲内にあるかどうかを問題にするときに使う

金；利害関係)

020 coalition
[kòʊəlíʃən]

名 (特に政治的な)提携, 連立；連立組織；提携[連立, 連合]すること (= alliance)

form a *coalition* cabinet [government] (連立内閣[政権]をつくる)

in *coalition* with ... (…と連立[提携]して)

021 enforcement
[ɪnfɔ́ːrsmənt]

名 (法律などの)施行, 執行；強制

rigid [strict] *enforcement* of the law (法律の厳格な施行)

⇨ enforce 他 (法律など)を施行する, を実施する；(規則など)を無理強いする, を押しつける

022 grant
[grǽnt]

名 (交付された)補助金, 助成金；奨学金

a government *grant* for research (政府の研究助成金)

他 (願いなど)を聞き届ける, を承諾する；(金品・権利など)を与える；を認める, 仮に…だと認める (= admit)

Please *grant* us permission to do so. (どうか我々にそうする許可を与えてください)

Granting that assumption, what follows? (その仮定を認めるとしたら, どうなるのですか)

023 clause
[klɔ́ːz]

名 (条約・法律の)条項, 個条；文法 節

a contract *clause* (契約条項)

a noun *clause* (名詞節)

024 legitimacy
[lɪdʒítəməsi]

名 合法性；嫡出(性)；妥当性

confirm the *legitimacy* of a claim (ある要求が正しいことを確証する)

⇨ legitimate 形 合法の；嫡出(ちゃくしゅつ)の

025 charter
[tʃɑ́ətəɚ]

名 **憲章, 宣言書；特許状；免許状；(本部からの) 支部設立許可**

the Great *Charter*
((英国の) 大憲章, マグナカルタ)

他 **に特許状を与える**

026 prosecutor
[prásɪkjùːtəɚ]

名 [法] **検察官, 検事；訴追者**

a public *prosecutor*（検察官）

⇨ prosecute 他 自 (を) 起訴 [告発] する；(訴訟の) 検察官 [訴追者] を務める；を遂行する

027 ibid
[íbɪd]

副 **同書に, 同個所に**

★ = ibidem。出典を示すとき書名などの繰り返しを避けるために用いる。普通は ibid. または ib. と略す

028 liability
[làɪəbíləti]

名 **(法律上の) 責任 (のあること), 義務**；[法] (通例複数形で) **債務, 負債**

product *liability*（製造物責任, PL）
liability for a debt（債務）
assets and *liabilities*（資産と負債）

⇨ liable 形 (法律上) 責任がある〈for, to *do*〉；[法] 服すべき〈to〉

029 alliance
[əláɪəns]

名 **同盟, 連合；協力, 協定**〈between〉；**縁組み**

form [enter into] an *alliance* with ...
(…と同盟 [提携] する)
arrange an *alliance*
(縁組みを世話する)

⇨ ally 他 自 (を) 同盟させる [する] 名 同盟国

030 ideological
[àɪdiəládʒɪk(ə)l]

形 **イデオロギーの, 観念形態の；観念学の；空論の**

ideological differences
(イデオロギーの相違)

⇨ ideology 名 イデオロギー, 観念形

文系共通語彙

133

態；観念学[論]；空理，空論

031 governance
[gÁvərnəns]

名 統治；管理，支配
corporate *governance* (経営 企業統治)
⇨ govern 他 自 (を)統治する；(を)管理[支配]する

032 radical
[rǽdɪk(ə)l]

形 徹底的な (= thorough)；(人・意見が) 過激な，急進的な，極端な (= extreme)
a *radical* reform (抜本的改革)
a *radical* politician (急進的な政治家)
名 急進論者，過激派の人；(漢字の)部首

033 quote
[kwóut]

他 (他人のことば・文章など)を引用する；(実例など)を示す；商 (商品・株式など) の取引値[相場，現行価格]を言う，に値をつける；(値段・費用など)を見積もる

quote a few verses from Keats
(キーツから数行引用する)
quote a recent case (最近の例を示す)
The stock is *quoted* on the stock exchange. (その株は証券取引所に正式に登録されて売買できる)
自 引用する；引用(文)を始める (⇔ unquote)
名 引用文，引用語句；(複数形で) 引用符 (= quotation marks)
an accurate *quote* (正確な引用文)
in *quotes* (引用符に囲まれて)
⇨ quotation 名 引用；引用文[語句]；商 相場；見積もり

034 directive
[dəréktɪv]

名 指令，命令
a *directive* from party headquarters
(党本部からの指令)
形 指示をする，指導的な

⇨ direct 他 を指導する；に指図［指示，命令］する

035 sovereignty 発音
[sάv(ə)rənṭi]

名 主権，統治権，自治権〈over〉；独立国

Japan claims *sovereignty* over these islands.（日本はこの島々の主権を主張している）

⇨ sovereign 形 主権を有する，君主である；独立の　名 主権者，元首，君主

036 avatar
[ǽvətὰɚ]

名 （インド神話で）化身；通信 アバター，分身；（思想などの）人間権化

037 payoff
[péɪɔ̀:f]

名 （給料・もうけなどの）支払い；（行為の）結末，結実，利益；（解雇するときの）清算金，退職金；献金，わいろ（= bribe）

political *payoffs*（政治献金）

a *payoff* scandal（疑獄事件）

⇨ pay off 他 （借金）をすっかり返す；を給料を払って解雇する；を買収する

038 breach
[brí:tʃ]

名 （法律・約束・契約の）違反，不履行；（権利などの）侵害

breach of promise
（法 違約，婚約不履行）

a *breach* of confidence（秘密漏洩(えい)）

breach of trust（背任）

他 （約束・法律など）を破る，（契約など）に［を］違反［破棄］する

039 draft
[drǽft]

名 下書き，草稿，草案；為替手形

make a (first) *draft* of an essay
（論文の下書きを書く）

draw a *draft* on ...
（…あてに手形を振り出す）

他 の草案を書く，を立案する

文系共通語彙

040 plaintiff
[pléɪntɪf]

名 [法] 原告, 告訴人 (⇔ defendant)

041 enact
[ɪnækt]

他 [法] を(法律として)制定する, を規定する;(劇など)を上演する;(役)を演ずる

The Diet failed to *enact* the bill.
(国会はその法案を可決できなかった)

⇨ enactment 名 (法律の)制定;法令, 法規;(劇の)上演

042 sanction
[sæŋ(k)ʃən]

名 (通例複数形で)(国際法違反などに対する)制裁;(公式の)認可, 承認

apply economic *sanctions* against a country = impose economic *sanctions* on a country
(ある国に対して経済制裁を課す)

他 を認可する, を承認する

043 undermine
[ʌndəmáɪn]

他 (名声・地位・健康など)を徐々に弱める[害する];の土台を侵食する

undermine efforts for a peaceful solution
(平和的解決の努力を無にする)

044 revenue
[révən(j)ùː]

名 (定期的な)収入, 収益;収入源;歳入

revenues from sales of books
(本の売上高)

tax *revenue* (税収)

045 tribal
[tráɪb(ə)l]

形 種族の, 部族の

tribal loyalty (仲間への忠誠心)

⇨ tribe 名 種族, 部族
⇨ tribalism 名 種族組織[生活, 根性];同族意識

046 deference 発音
[déf(ə)rəns]

名 服従;尊敬, 敬意

blind *deference* (盲従)

in *deference* to your wishes
(ご希望を尊重して[に従って])

⇨ defer 自 (敬意を表して…の意見に)従う〈to〉

047 **entitle** [ɪntáɪṭl]

他 (しばしば受身で) に (…する) 権利 [資格] を与える；に (…という) 表題をつける

He's *entitled* to a pension.
(彼は年金を受ける資格がある)

The book is *entitled* "War and Peace."
(その本は『戦争と平和』と題されている)

⇨ entitlement 名 (与えられた) 権利 [資格]；(給付の) 受給権

048 **dissent** [dɪsént]

名 (少数の人による) 不同意, 異議 (⇔ assent)

incite *dissent*
(異議を唱えるようにそそのかす)

自 (公式の考えなどと) 意見を異にする, 同意しない (⇔ assent)

One of the judges *dissented* from the decision. (判事の一人がその判決に異議を唱えた)

a *dissenting* voice (異議, 反対意見)

⇨ dissension 名 (特に組織内の) 意見の相違, 不和

049 **delegation** [dèlɪɡéɪʃən]

名 (集合的；単数または複数扱い) 代表 [派遣] 団；(権限などの) 委任〈of〉；

文系共通語彙

■「尊敬」の使い分け

honor：人の人格・地位・能力を認めて敬意を払うこと
homage：honor に加えて賞賛・尊敬を表す；形式ばった態度を伴うことが多い
reverence：深い尊敬と愛情
deference：目上の [立派な] 人などに敬意を払い, その人の意志・判断を尊重すること

代表任命 [派遣]

the British *Delegation* to the United Nations（英国の国連代表団）

⇨ delegate 名 代表（個人） 他 を代理に立てる；（職権・職務）を委任する

delegate authority（権限を委譲する）

050 veto
[víːtou]

名 拒否権 〈on, over〉；拒否権の行使

power [right] of *veto*（拒否権）

他（提案・議案など）を拒否する，に拒否権を行使する

veto a bill（法案を拒否する）

051 articulate 発音
動 [ɑɚtíkjulèɪt]
形 [ɑɚtíkjulət]

自 他 (を) はっきりと発音する；（思想など）を明確に表現する

形（発音・ことばが）はっきりした；（人が思想などを）はっきり表現できる

an *articulate* debater
(ことば[論旨]がはっきりした討論者)

⇔ inarticulate 形 発音の不明瞭な；（人が興奮・苦痛などで）口がきけない

⇨ articulation 名（はっきりした）発音；（思想などの）明確な表現

052 fraud
[frɔ́ːd]

名 詐欺（行為），不正（手段）；詐欺師；まがい物

get money by *fraud*（金を詐取する）

feel (like) a *fraud*
(自分を偽っている気分である)

⇨ fraudulent 形 詐欺的な；詐欺によって得た；詐欺を行う，不正直な

053 pedagogy
[pédəɡòudʒi]

名 教育学，教授法；教職

⇨ pedagogic(al) 形 教育学の；衒学（げんがく）的な (= pedantic)

054 ban
[bǽn]

名（公的な）禁止；禁止令

a test *ban*（核実験禁止協定）

他（公式に）を禁止する

He was *banned* from entering the building.（彼はその建物に入ることを禁止された）

055 allege
[əlédʒ]

他 （立証はしないで）を断言する；（理由・口実）を申し立てる

They *alleged* (that) Mr. West was guilty.（彼らはウェスト氏が有罪であると主張した）

⇨ alleged 形 申し立てられた，うわさによる

⇨ allegedly 副 （真偽は別として）申し立てによると，伝えられるところでは

文系共通語彙

056 pension
[pénʃən]

名 年金，恩給；（芸術家などへの）奨励金

draw one's *pension*（年金を受ける）
a *pension* scheme（年金制度）

他 に年金を支給する

057 harassment
[hərǽsmənt]

名 悩ます［悩まされる］こと；いやがらせ

economic *harassment*
（経済的いやがらせ）

⇨ harass 他 を（しつこく）悩ます，いやがらせをする

058 unilateral
[jùːnɪlǽṭərəl]

形 1面の；一方の，片側のみの；法 片務的な

★bilateral（2面の）/ multilateral（多面的な）

unilateral disarmament
（一方的武装解除）

a *unilateral* contract（片務契約）

059 partisan
[pɑ́ɚṭɪz(ə)n]

名 （党・計画などの）盲目的［熱狂的］支持者；ゲリラ隊員，パルチザン

形 党派意識［派閥根性］の強い；偏見

のある；ゲリラ隊員の，パルチザンの
★bipartisan（2党［派］の；二大政党提携の，超党派的な）

partisan politics（派閥政治）

in a *partisan* spirit
（党派心で，派閥根性で）

⇨ partisanship 名 党派意識，派閥根性；盲目的な支持

060 **bureau** 発音
[bjú(ə)rou]

名《米》(官省の) 局（= department）；(会社・組織の) 支社，支部，支局；事務［編集］局

the Federal *Bureau* of Investigation
（連邦捜査局，FBI）

an information *bureau*（情報部；案内所）

061 **jurisprudence**
[dʒùə(ə)rɪsprúːdəns]

名 法律学，法理学；(一国の) 法体系，司法組織

medical *jurisprudence*（法医学）

⇨ jurisprudent 形 法律［法理］に精通した 名 法律専門家（= jurist）

062 **critique**
[krɪtíːk]

名 (文学・芸術の) 批評，評論〈of〉

a *critique* of a new book（新刊の批評）
★critic（批評家，評論家）

自 他 (を) 批評する

063 **esoteric**
[èsətérɪk]

形 秘儀の；奥義に達した；深遠な，難解な

esoteric Buddhism（密教）

名 秘教［奥義］に通じた人；(複数形で) 奥義，秘伝

064 **warrant**
[wɔ́ːrənt]

名 (逮捕・差し押さえなどの) 令状；正当な理由，根拠；保証となるもの［人］
★warranty（正当な理由，根拠；(商品の品質などの) 保証 (書)）

a search *warrant*（家宅捜索令状）

without *warrant*

140

（正当な理由なしに，いわれなく）

他 を正当とする（= justify）；を是認する；を[と]保証する[請け合う]（= guarantee）

The circumstances do not *warrant* such behavior.（事情がどうあれそんな行為は許されない）

065 **habitat**
[hǽbətæt]

名（動物の）生息地；（植物の）自生地
the panda's natural *habitat*
（パンダの自然生息地）
a violet's *habitat*（スミレの自生地）

066 **uphold**
[Àphóʊld]

他（法・原則など）を支持する，を維持する；（決定・判決など）を確認する，を支持する

The higher court *upheld* the lower court's decision.（上級裁判所は下級裁判所の判決を支持した）

067 **unify**
[júːnəfàɪ]

他 を統一する，を統合する，を一つにする；を一様にする

unify the opposition（野党を統合する）
West and East Germany were *unified* in 1990.（東西両ドイツは1990年に統一

文系共通語彙

■「支持する」の使い分け

support：人や主義・運動などに援助を与えたり声援を送ったりして支持する；一般的な語

maintain：今の状態・権利などが損なわれないように support する

sustain：やや改まった感じの語で，失敗を防ぐため，あるいはさらに強くするために積極的に支持する

advocate：人を説得したり議論したりして support する

uphold：support しているものが現在苦境にあるか危険にさらされていることを暗示する

back (up)：精神的に激励したり物質的に援助したりして失敗しそうなのを守ってやる

された)

自 一つになる, 一体となる〈with〉

⇨ unification 名 統一, 単一化

068 litigation
[lìtəgéɪʃən]

名 [法] 訴訟, 起訴

litigation over damages
(損害賠償に関する訴訟)

⇨ litigable 形 法廷で抗争できる
⇨ litigator 名 訴訟者, 起訴者
⇨ litigate 自 訴訟を起こす 他 (問題)を法廷で争う

069 patronage
[pǽtrənɪdʒ]

名 後援, 保護, 奨励, 引き立て; 任命権

under the *patronage* of ...
(…の保護[後援]の下に)

He has a great deal of *patronage* in his hands. (彼は大なる任命[登用]権を握っている)

⇨ patron 名 後援者, パトロン; (商店・ホテルなどの) ひいき客, お得意

070 treatise
[tríːtɪs]

名 専門書, (学術)論文〈on〉

a classic *treatise* on the subject
(その題目に関する古典的論文)

071 focal
[fóʊk(ə)l]

形 焦点 (focus) の

a [the] *focal* point
([光] 焦点; 活動[関心]の中心)

(the) *focal* distance [length]
([光] 焦点距離)

072 deem
[díːm]

他 を (…だと) みなす, を (…だと) 思う
★進行形なし

I would *deem* it a favor if you would do so. (そうしていただければありがたく存じます)

073 stigma
[stígmə]

名 (不可算名詞または a 〜で) 汚名, 烙印 (らくいん)

place a severe social *stigma* on ...

(…に社会的な一大汚名を着せる)
Being divorced no longer carries the *stigma* that it used to.(離婚はかつてのように恥とはならない)

074 contingent
[kəntíndʒənt]

形 **…次第で, (…を)条件としている** ⟨on, upon⟩;**ありうる, 不慮の**
Space shuttle lift-offs are *contingent* on the weather.(スペースシャトルの打ち上げは天気次第である)
contingent expenses(臨時費)
contingent liability(法 偶発債務)

名 **分遣隊, 派遣団;(集会などへの)代表団**
the Japanese *contingent* at the Olympics(オリンピックの日本代表選手団)
⇨ contingency 名 不測の事態, 偶発事;(不測の事態への)備え;(偶発事に)付随する事柄;(事態の)状況依存性;哲 偶然性

075 leverage
[lév(ə)rɪdʒ]

名 **てこの作用;てこ入れ, 影響力(の行使);《米》経済 資金調達比率**(《英》gearing)
Do you have any *leverage* with the Senator?(あなたはあの上院議員に顔がききますか)

他 **(外部資金を調達して)に投資する;にてこ入れをする**
⇨ lever 名 てこ, レバー

076 contend
[kənténd]

他 **を(強く)主張する**
★受身不可
He *contended* that reform was urgently needed.(彼は改革が緊急に必要であると主張した)

自 **競争する, 争う**

文系共通語彙

We *contended* for the prize.（私たちは その賞金を目当てに競い合った）
⇨ contention 名 主張；口論，論争；競争

077 **intangible**
[ɪntǽndʒəbl]

形 触れることのできない；実体のない；（資産などが）無形の；（雲をつかむように）つかみどころがない，ぼんやりした（⇔ tangible）
intangible assets（無形資産）
an *intangible* awareness of danger（漠然たる危険意識）
名 （通例複数形で）無形のもの；無形資産（⇔ tangible）
⇨ intangibly 副 実体なく，ぼんやりと，不可解に

078 **indigenous**
[ɪndídʒənəs]

形 土着［先住］の，（その土地）固有の；原産の；生まれながらの
indigenous people（先住民）
Love and hate are emotions *indigenous* to all humanity.（愛と憎しみはすべての人間に固有の［生まれながらの］感情である）
⇨ indigenously 副 土着して，固有のものとして

079 **embody**
[ɪmbάdi]

他 （思想・感情など）を形に表す，を具体的に表現する，を具体化する；を取り入れる，を盛り込む
embody the ideals in the new constitution
（新憲法の中に理想を具体化する）
⇨ embodiment 名 具体化，体現；（思想・感情などの）具体化されたもの，化身，権化

080 incumbent
[ɪnkʌ́mb(ə)nt]

形 (…の) 義務である；現 [在] 職の

It is *incumbent* on [upon] you to do so.
(そうするのは君の責任だ)

the *incumbent* mayor（現職市長）

名 (公職の) 現 [在] 職者；(教会を持つ) 牧師

⇨ incumbency 名 (公職にある者の) 地位, 任期；現 [在] 職

081 posit
[pázɪt]

他 [論理] を（事実と）仮定する〈that〉
（= postulate）

名 仮定

082 aesthetic
[esθétɪk]

形 美(学)に関する, 審美的な；美的な, 趣味のよい, 芸術的な

名 (単数形で) 美的原則 [性質]；(複数形で) 美学

⇨ aesthetically 副 審美的に, 美的に

083 imprint アク
名 [ímprɪ̀nt]
動 [ɪmprínt]

名 (押した)印；(通例単数形で) 痕跡(こんせき), 影響；(書物などの) インプリント, 奥付

bear the *imprint* of originality
(独創性を示す)

他 (判など)を(…に)押す〈on〉；に(消印・判などを)押す；(受身で)を銘記する, を印象づける；[心理] に刻印づけ [刷り込み] をする

The scene is *imprinted* on my memory [mind, brain]. (その光景は私の記憶 [心, 脳裏] に焼きついている)

⇨ imprinting 名 [心理] 刻印づけ, 刷り込み

084 expressly
[ɪksprésli]

副 明白に, はっきりと；特別に, わざわざ

He *expressly* denied it.
（彼ははっきりと否定した）

文系共通語彙

⇨ express 形 明白な, はっきりした (= clear); 特別な (= special)

085 manifest
[mǽnəfèst]

形 **(目で見たり理性的に考えて) 明白な, はっきりした**

It's a *manifest* injustice.
(それは明らかな不正だ)

他 **(感情・気持ちなど)を表明する; を明らかにする; を証明する**

This *manifests* the truth of his statement. (これは彼の陳述が真実であることを証明する)

086 detention
[dɪténʃən]

名 **勾留, 留置, 拘禁** (= detainment); **抑留;(学校での)居残り**

illegal *detention* (不法監禁[抑留])
⇨ detain 他 を勾留[拘禁]する; を入院させておく

087 aspiration
[æspəréɪʃən]

名 (通例複数形で) **抱負, 大志;熱望;** 音声 **帯気**

I have no *aspirations* for [to] fame.
(私は名声を望まない)

realize [achieve] one's *aspiration*
(望みを遂げる)

⇨ aspirate 他 音声 を気音に発音する
⇨ aspire 自 熱望する, 大志を抱く, あこがれる ⟨to, after⟩

088 revise
[rɪváɪz]

他 **(意見・予測・価格など)を修正する, を変更する, を改める;を改訂する;を訂正する;を校正する**

He *revised* his opinion.
(彼は自説を修正した)

The dictionary has recently been *revised*. (その辞書は最近改訂された)

名 **修正, 訂正, 校正**

⇨ revision 名 修正, 見直し;改訂, 訂

正；改訂版

089 scrutiny
[skrúːtəni]

名 精密な検査, 吟味, 詮索（せんさく）; 監視; 凝視

Closer *scrutiny* of the archaeological sites has rendered this hypothesis untenable.
（考古学上の遺跡をさらに綿密に調べてこの仮説は成り立たなくなった）

⇨ scrutinize 他 を詳しく見る, を細かに調べる

090 proprietary
[prəpráɪətèri]

形（商品などが）商標登録された, 独占の, 専売の; 所有者［権］の

proprietary articles（専売品）
proprietary rights（所有権）

名 [法] 所有主, 持主（= owner）

091 affiliation
[əfìliéɪʃən]

名 加入, 合併, 提携; [法]（非嫡出子の）父子関係決定［認知］

political *affiliations*（所属政党）

⇨ affiliate 他 を加入［合併］させる
　　　　 自 提携する 名 関連団体, 子会社

092 proponent
[prəpóunənt]

名（主義・方針などの）支持者, 唱道者〈of〉(⇔ opponent); [法] 遺言検認の申し立て人

the *proponents* of the movement
（その運動の提唱者）

093 confer
[kənfə́ː]

自 相談する, 打ち合わせる
〈with, about〉(= consult)

confer with a person about [on] something
（ある事について人と相談する）

他（勲章・称号・栄誉など）を（…に）授ける;（身分の上の者が下の者に）を授与する〈on, upon〉

confer a title [medal] on a person
（人に爵位［勲章］を授ける）

文系共通語彙

⇨ conference 名 (数日にわたる) 会議, 協議会
⇨ conferment 名 授与, 贈与, 叙勲

094 privatization
[pràɪvətɪzéɪʃən]

名 (企業などの) 民営化 ⟨of⟩
They favor *privatization* of public corporations. (彼らは公共企業体の民営化に賛成している)
⇨ privatize 他 (公有 [国有] の企業・財産など) を民営 [民有] 化する, を私営 [私有] 化する

095 idiosyncratic
[ìdiəsɪnkrǽtɪk]

形 (考え方・癖などが) 個人に特有の, 特異な
What matters in literature in the end is the *idiosyncratic*, the individual.
(結局文学において重要なことは特有なるもの, 個性的なるものだ)
⇨ idiosyncrasy 名 (個人の) 特異性; (ある作家などに) 特有の表現 (法)

096 fiscal
[físk(ə)l]

形 財政 (上) の, 会計の; 国庫の
a *fiscal* policy (財政政策)
a *fiscal* year (会計年度)
⇨ fiscally 副 財政 [会計] 上

097 interim
[íntərɪm]

形 当座の, 仮の, 臨時の; [経済] 決算期末前の (計算による), 中間の
an *interim* report (中間報告)
an *interim* government (暫定政府)
名 (the 〜で) 合間, しばらく
in the *interim* (その間に)

098 multilateral
[mÀltɪlǽtərəl]

形 多面的な, 多角的な; 多国 [者] 間の
★ unilateral (1面の) / bilateral (2面の)
multilateral agreements [trade]
(多国間協定 [貿易])
⇨ multilaterally 副 多面 [多角] 的に

099 decree
[dɪkríː]

名 法令, 政令, 布告 ; (裁判所の) 判決
issue [revoke] a *decree*
(布告を発する [取り消す])
order by *decree*(制令で命じる)★無冠詞
他 (法令によって) を命ずる, を布告する ; と判決する
The judge *decreed* that the compensation (should) be paid immediately. (裁判官は補償金を直ちに支払うように命じた)

100 tenure
[ténjɚ]

名 在職期間, 任期 ; (大学教員の) 終身身分保障 (権) ; 法 不動産保有権
during one's *tenure* of office
(在職期間中)
tenure for life (終身土地保有権)
他 (人) に終身在職権を与える

101 inscription
[ɪnskrípʃən]

名 銘, 碑文 ; (貨幣・メダルなどの) 銘刻 ; (書物などの) 献呈の辞

文系共通語彙

■「与える」の使い分け

give: (物) の所有権を他に移す《一般的な語》
present: (かなり価値のある物を) 特に行事の時に与える《give よりも格式ばった語》
donate: 特に, 慈善的な目的で寄付する
bestow: (称号・賞などを) 授ける《格式ばった語》
confer: 目上の者が (名誉・特権などを) 与える《格式ばった語》

■「財政 (上) の」の使い分け

financial: 金銭上, 財政上の ; 特にばく大な金額の取り扱いを含む
monetary: 貨幣 [紙幣] そのものに関連した鋳造・流通・価値などに関して用いる
fiscal: 政府や公共団体, 企業などの収入や支出などの財政の問題に関する
pecuniary: 実際的, 個人的な金銭 (の取り扱い) に関する

Ancient *inscriptions* were chiseled in the rock.
(古い碑文が岩に刻まれていた)
⇨ inscribe 他 を(石・金属などに)記す, を彫る；(名前)を登録する

102 pillar
[pílɚ]

名 柱, 支柱；記念碑；柱[支え]となるもの, (社会・地域などの)中心人物

Newspapers are a *pillar* of democracy.
(新聞は民主主義の支えである)

103 referral
[rɪfə́ːrəl]

名 照会[紹介](されること), 委託 ⟨to⟩；差し向けられた人

a *referral* from one's family doctor to a specialist (かかりつけの医者から専門医への委託)
⇨ refer 自 照会する 他 (人)を(ある人に)紹介する

104 enlightenment
[ɪnláɪtnmənt]

名 啓発；啓蒙(けいもう), 教化 ⟨on⟩；悟り；(the E- で)(18世紀西欧の)啓蒙運動

seek *enlightenment* on ...
(…について教えを請う)
⇨ enlighten 他 (人)を啓発する, を啓蒙する

105 seizure
[síːʒɚ]

名 つかむ[捕らえる]こと；法 差し押さえ (= attachment), 押収, 没収 (= confiscation)
⇨ seize 他 をつかみ取る, を奪う；を没収する；を占領する

106 attorney
[ətɚ́ːni]

名 《主に米》弁護士；代理人

consult one's *attorney*
(弁護士と相談する)

107 codify
[kádəfài]

他 (法律)を法典 (code) に編む；を成文化する
⇨ codifier 名 法典編集者, 法令集成者

⇨ codification 名 法典編集；成文化

108 dynasty
[dáɪnəsti]

名 王朝，王家；(権力者の)一門，名門；
…王朝時代

the Tudor *dynasty*（チューダー王朝）

109 solicitor
[səlísɪtər]

名《米》(市・町などの)法務官；《英》(事務)弁護士

a *Solicitor* of the Treasury（財務省法務官）

consult privately with a *solicitor*
（弁護士と内密に相談する）

110 bureaucratic
[bjù(ə)rəkrǽtɪk]

形《しばしば軽蔑》官僚(主義)的な；官僚政治の

bureaucratic procedures
（官僚主義的な手続き）

⇨ bureaucrat 名 官僚；官僚主義者
⇨ bureaucratically 副 官僚的に

111 agrarian
[əgré(ə)riən]

形 農地の；農業の（= agricultural）
★ agriculture（農業）

an *agrarian* reformer（農地改革者）
agrarian civilization（農耕文明）

112 endanger
[ɪndéɪndʒər]

他 を危険にさらす；(動植物)を絶滅にさらす

Careless disposal of nuclear waste
endangers the whole world.
（いい加減に核廃棄物を処理すること

文系共通語彙

■「弁護士」の使い分け

lawyer：弁護士に対する一般的な名称であるが，普通は attorney（《英》solicitor）をいう

counselor（《英》barrister）：法廷で弁護する法廷弁護士。英国では普通 solicitor を通して依頼を受ける

attorney（《英》solicitor）：遺言状を作成したり，不動産の処理契約の締結などを扱ったり，また法廷弁護士と訴訟依頼人を仲介する下級裁判所中心の事務弁護士

※ただし米国では lawyer, counselor, attorney を区別しないことが多い

は全世界を危険にさらす)

an *endangered* species (生物 絶滅危惧種)

⇨ danger 名 危険 (状態); 危険なこと [もの]

113 arguably
[ɑ́ɚgjuəbli]

副 (十分) 論証できることだが, おそらく (間違いなく)

Penicillin is *arguably* the greatest medical discovery of the twentieth century. (ペニシリンはたぶん20世紀最大の医学上の発見だとも言えるだろう)

⇨ arguable 形 論じうる, 論証できる

114 protagonist
[proʊtǽgənɪst]

名 (劇の) 主役, (物語・事件などの) 主人公, 中心人物

⇔ antagonist 名 敵対者, 反対者, 相手; (芝居などの) かたき役

115 ongoing
[ɑ́ngòʊɪŋ]

形 続いている, 継続している, 進行中の; 前進する

an *ongoing* debate (続く論争)

116 credibility
[krèdəbíləti]

名 信じうること, 信用性, 信憑 (しんぴょう) 性 (⇔ incredibility)

gain [lose] *credibility*
(信頼を得る [失う])

The government's statements had no *credibility*. (政府の声明には全く信憑性がなかった)

⇨ credible 形 信用 [信頼] できる, 確かな

117 hazardous
[hǽzɚdəs]

形 冒険的な, 危険な, きわどい

hazardous waste (有害廃棄物)

⇨ hazardously 副 危険を伴って, 危険を冒して

⇨ hazard 名 (偶然の) 危険, 賭け, 冒険

118 seemingly
[sí:mɪŋli]

副 見たところでは，どうやら（…のようで）（= apparently）；うわべは，表面上は

for a *seemingly* good reason
（一見もっともらしい理由で）

two *seemingly* unrelated cases
（表面上無関係に見える二つの事件）

⇨ seeming 形 うわべの，表面だけの；見せかけの，もっともらしい

119 faculty
[fǽkəlti]

名 （大学の）学部；（学部の）教員，教授陣；（ある特定のことをする）能力，才能

the *Faculty* of Law = the Law *Faculty*
（法学部）

The *faculty* are meeting today.
（きょうは教授会がある）

120 coercion
[kouə́ːrʒən]

名 強制，強要（= compulsion）；威圧，弾圧政治

under *coercion*（強制されて）

⇨ coerce 他 に[を]強制[強要]する

121 prestige
[prestíːʒ]

名 威信，名声，信望，威光；高い評価[格式]

national *prestige*（国威）

形 世評の高い，名門の，一流の

⇨ prestigious 形 名声のある；（学校などが）名門の

the *prestigious* "New England Journal of Medicine"（名声の高い「ニューイングランド医学ジャーナル」）

122 convict アク
動 [kənvíkt]
名 [kánvɪkt]

他 （通例受身で）法 を有罪と証明[宣告]する

a *convicted* prisoner（既決囚）

He was *convicted* of murder.
（彼は殺人で有罪の判決を下された）

文系共通語彙

⇔ acquit 他 を無罪にする,を(…から)放免する〈of〉

名 受刑者；囚人

an escaped *convict*（脱獄囚）

⇨ conviction 名 法 有罪の判決[証明]（⇔ acquittal）

123 seniority
[siːnjɔ́ːrəti]

名 (…より) 年上 [目上, 先輩] であること〈over〉；年功 (序列)

the *seniority* system（年功序列制度）

⇨ senior 形 (…より) 年上 [目上, 先輩] の〈to〉 名 年上の者, 目上, 先輩（⇔ junior）

124 presuppose
[prìːsəpóuz]

他 (必要条件として) を前提とする；を [と] 前もって推定 [仮定] する

Success *presupposes* diligence.
（成功には勤勉が必要だ）

Supply *presupposes* demand.
（供給は需要を前提条件とする）

⇨ presupposition 名 前提 (条件)；予想, 仮定

125 disciple
[dɪsáɪpl]

名 門弟, 門人, 弟子；(しばしば D- で) キリスト十二使徒 (the Apostles) の一人

a *disciple* of Confucius（孔子の弟子）

126 genealogy
[dʒìːniǽlədʒi]

名 (人間の) 家系, (動植物・言語などの) 系統, 系譜；系統図, 家系図（= family tree）；系図学；系統学

127 corruption
[kərʌ́pʃən]

名 汚職, 買収；堕落；(人・行為の) 腐敗；(原文・原稿の) 改悪；(言語の) 転訛 (てんか), なまり

political *corruption*（政治的な腐敗）

a *corruption* of style（文体の改悪）

⇨ corrupt 他 (品性など) を堕落させる, を腐敗させる；(原文・原稿) に

手を入れて改悪する；(言語)を転訛させる，なまらせる　形 堕落した，(道徳的に)腐敗した；(原文・原稿が)改悪された；(言語が)転訛した，なまっている

128 **affective**
[æféktɪv]

形 感情的な，情緒的な；心理 情動の
affective disorders（感情[情緒]障害）
⇨ affect 名 心理 情動

129 **pertain**
[pərtéɪn]

自 (…に)直接関係がある；(…に)適する；法 (…に)付属する〈to〉
★しばしば pertaining to ... として前置詞のように用いる
That remark hardly *pertains* to the matter at hand.（その言葉は当面の問題にほとんど無関係だ）
problems *pertaining* to education
（教育に関係する問題）

130 **deliberation**
[dɪlìbəréɪʃən]

名 (しばしば複数形で)審議，討議；熟慮；慎重さ，落ち着き
under *deliberation*（審議中，熟考中）
conduct *deliberations* on ...
（…について審議する）
⇨ deliberate 自他 (を)熟考する；(を)審議する

131 **concur**
[kənkə́ːr]

自 (意見が)一致する，同意する；(事件などが)同時に起こる〈with〉，共同して作用する〈to *do*〉
We *concurred* with them on [in] this matter.（我々はこの点では彼らと意見が一致した）
Everything *concurred* to make him happy.（諸事情が相助け合って彼の幸福をもたらした）
⇨ concurrence 名 一致，同意；同時発生

132 readiness
[rédinəs]

名 準備[用意]ができていること〈for〉；進んですること；すばやさ,敏速；**教育** レディネス,準備性

Everything is in a state of *readiness*.
(すべて準備ができている)

⇨ ready 形 準備[用意]のできた；進んでやる気のある〈to *do*〉；すばやい,敏速な

133 testimony
[téstəmòuni]

名 (法廷で宣誓の上で行う)証言；証明,現れ；証拠

Their *testimony* is inconsistent in certain details.(彼らの証言はいくつかの細かい点で矛盾がある)

This *testimony* was not cited in the trial.(この証拠は裁判には持ちだされなかった)

⇨ testimonial 形 (法定での)証言の 名 (人物・資格などの)証明書；推薦状[文],推薦のことば；感謝[表彰]状,賞状,功労表彰の贈り物

134 exemption
[ɪgzém(p)ʃən]

名 (課税・義務などの)免除〈from〉；(所得税などの)控除(= personal exemption [《英》allowance])

exemption from penalties (刑の免除)

exemption from taxation
= tax *exemption* (課税免除,免税)

⇨ exempt 形 (課税・義務などを)免除されて 他 (人)を(義務・責任などから)免除する〈from〉 名 (義務を)免除された人

135 ratify
[rǽtəfàɪ]

他 (条約など)を批准する,を裁可する

ratify a treaty (条約を批准する)

⇨ ratification 名 (条約などの)批准,裁可

136 delusion
[dɪlúːʒən]

名 妄想；幻想，錯覚，思い違い；欺く[欺かれる]こと

★illusion は誤って現実とは違う認識をもつこと。delusion は惑わされたり，精神錯乱などにより現実とは違ったことを思いこむこと；しばしば実害を伴うことを暗示する

suffer from *delusions* of grandeur
(誇大妄想に悩む)

shake off a *delusion* (幻想を振り払う)

⇨ delude 他 (誤った情報などで)を欺く，を勘違いさせる

137 void
[vɔ́ɪd]

名 (通例単数形で) 空間；すき間，ぽっかり空いた穴；(心の中の) 空虚な感じ，むなしさ

vanish into the *void* (雲散霧消する)

形 [法] 無効の (= invalid)；(…を) 欠いている，(…が) ない (= lacking, devoid)

a *void* ballot (無効票)

He is *void* of common sense.
(彼には常識がない)

他 [法] を無効にする (= nullify)

void a treaty (条約を無効にする)

138 confederation
[kənfèdəréɪʃən]

名 連合 (組織)，同盟；連合 (すること) 〈of, between〉；連邦；(the C- で) 米国の母体となった 13 州の連合

enter into *confederation* with a neighboring country
(隣国と同盟を結ぶ)

139 taint
[téɪnt]

他 (水・空気など) をよごす，を汚染する〈with〉；(食べ物) を腐らす；(人・行為など) を汚染する，(名声など) を汚(けが)す〈by, with〉；を堕落させる

文系共通語彙

The political world is *tainted* with corruption. (政界は腐敗している)
名 (名声などの) 汚点, しみ ⟨of⟩**; 腐敗; (道徳的な) 腐敗, 堕落; 気味, 痕跡 (こんせき)** ⟨of⟩
the *taint* of scandal (醜聞という汚名)

140 infringement
[ɪnfríndʒmənt]

名 (法規) 違反, 違背; (特許権・版権などの) 侵害; 違反 [侵害] の行為
copyright *infringement* (版権侵害)
an *infringement* of national sovereignty (国家の主権に対する侵害行為)
⇨ infringe **他自** (法律・特許権などを) 犯 [侵] す, 破る, 侵害する ⟨on, upon⟩

141 irony
[áɪ(ə)rəni]

名 皮肉, 当てこすり; 反語; 皮肉な事態 [巡り合わせ], 皮肉な出来事
This last remark was tinged with *irony*. (この最後の言葉にはかすかに皮肉がこめられていた)
life's (little) *ironies* (人生における (ちょっとした) 皮肉 (な巡り合わせ))
⇨ ironic(al) **形** 皮肉な; 反語的な

142 tacit
[tǽsɪt]

形 暗黙の; 言葉に表さない, 無言の
a *tacit* agreement [understanding] (暗黙の同意 [了解])
tacit approval [consent] (黙認 [諾])
⇨ tacitly **副** 暗黙のうちに; 黙って

143 vest
[vést]

他 (通例受身で) (権利・財産などを) (人に) 与える, 付与する
In Japan authority is *vested* in the people. (日本では主権は国民にある)
The President is *vested* with plenary powers.
(大統領は全権を与えられている)
a *vested* right [interest] (**法** 既得権)

144 centralize
[séntrəlàɪz]

他 (権力・富など)を中央に集める；(国家・政府)を中央集権化する
自 中央に集まる，中央集権化する
⇨ centralization 名 集中；中央集権化
⇨ central 形 中心の，中央の；中心となる，主要な，重要な

145 adhere
[ædhíɚ]

自 (規則などを)守る，(意見などに)固執する；(考えなどに)忠実である，信奉する；くっつく，粘着する
(= stick)
adhere slavishly to social customs
(社会の習慣に隷従する)
He *adheres* stubbornly to his earlier testimony.
(彼は頑として前の証言を変えない)
⇨ adherence 名 (規則などの)遵守，忠実；信奉；執着，固執〈to〉

文系共通語彙

■「同盟」の使い分け

alliance：《通例よい意味で》家族・組織・国などが相互の利益のために結んだ提携
league：特定の目的のために連合した人や国のグループ
coalition：利害の相反する組織が特定の目的のために一時的に協力すること
confederation：防衛・関税などの行政機能を共同行使するために結ぶ独立国同士の結合
union：政治的な理由で二つ以上の国が連合して一つの国を形成していること
federation：自らも自治機関をもちながら外交・防衛などの面では他の自治機関などと連合すること

■「皮肉」の使い分け

irony：ユーモアを含んだ穏やかな皮肉
sarcasm：個人を傷つけようとする悪意を含む皮肉・あてこすり
satire：特に社会制度・権威者などに対する皮肉

146 confrontation
[kɑ̀nfrəntéɪʃən]

名 対決, 衝突；(人と人との) 対面 〈with〉；(法廷の) 対決；対審

a *confrontation* between labor and management (労使の対決)

the right of *confrontation* (対決の権利)

⇨ confront 他 (人が人) と対面する, と対決する；(人が事件・困難など) に直面する

147 referendum
[rèfəréndəm]

名 (政策などについての) 国民投票, 住民投票

★plebiscite ((国の重要問題をめぐる) 国民 [一般] 投票)

by *referendum* (国民投票で) ★無冠詞

hold a *referendum* on ...
(…について国民投票を行う)

148 underpin
[ʌ̀ndɚpín]

他 の土台を支える, (議論など) を支持する；(事実) を確証 [実証] する；(壁など) を下から支える

underpin the prosperity of the state (国家の繁栄を支える)

149 engender
[ɪndʒéndɚ]

他 (事態・感情) を引き起こす, を発生させる

Jealousy often *engenders* animosity.
(嫉妬 (しっと) 心からしばしば敵意が生まれる)

150 arbitration
[ɑ̀ɚbətréɪʃən]

名 仲裁, 調停, 裁定

a court of *arbitration* (仲裁裁判所)

independent *arbitration*
(第三者による裁定)

⇨ arbitrate 自 他 (を) 仲裁 [調停] する

151 override アク
動 [òʊvɚráɪd]
名 [óʊvɚràɪd]

他 (命令・要求など) を無視する；を拒絶する, をくつがえす；(物事がほかのこと) に優先する, より大事 [先] である

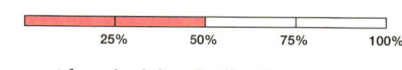

override a decision [ruling]
((前の) 決定 [裁定] をくつがえす)
override a veto (拒否権を無効にする)
名 **無効にする [くつがえす] こと**

152 scripture
[skríptʃɚ]

名 **(the S- で) 聖書** (★旧約・新約の双方またはその一方をさし, Holy Scripture または the (Holy) Scriptures ともいう); **聖書の中の言葉**; (複数形で) **(キリスト教以外の) 聖典, 経典**
the Buddhist *Scriptures* (仏典)

153 corps 発音
[kɔ́ɚ]

名 **軍団, 兵団**; **(同一の活動・仕事をする人々の) 集団, 団体, 団**
a civil defense *corps* (自警団)
★複数形は corps [kɔ́ɚz]
the diplomatic [press] *corps*
(外交 [記者] 団)

154 lawsuit
[lɔ́ːsùːt]

名 **訴訟** (= suit)
win [lose] a *lawsuit*
(訴訟に勝つ [負ける])
bring [file] a *lawsuit* against the company
(会社に訴訟を起こす)

155 portfolio
[pɔɚtfóuliòu]

名 **(画家などの) 代表作品選集**; 経済 **金融資産 (全体)**; **資産構成, 有価証券 (の明細表)**; **大臣の職務 [地位]**
portfolio management (資産管理)
hold a Cabinet *portfolio*
(閣僚の地位にある)

156 petroleum
[pətróuliəm]

名 **石油**
crude [raw] *petroleum* (原油)
Organization of *Petroleum* Exporting Countries (石油輸出国機構, OPEC)

157 fertility
[fɚːtíləti]

名 **(土地の) 肥沃 (ひよく) さ**; **(生物の) 多産**; **受精 [生殖, 繁殖] 能力**; **(着想などの) 豊かさ**

文系共通語彙

the *fertility* of soil = soil *fertility*（地力）

fertility rates（出生率）

inexhaustible *fertility* of invention

（無尽蔵に豊かな創意工夫の才）

⇔ infertility 名 不妊；（土地の）不毛；無益

⇔ sterility 名 不妊（症）；（土地の）不毛；無菌状態；（思想などの）貧困，独創性の欠如

⇨ fertile 形（土地が）肥えた，肥沃な

158 disposition
[dìspəzíʃən]

名 性質，気質（= nature, temperament）；傾向（= tendency）〈to〉；（…したい）気持ち，意向〈to *do*〉；[法] 贈与〈of〉

a person with a cheerful [generous] *disposition*

（陽気な［気前のよい］性質の人）

a testamentary *disposition*

（遺言で指定した財産譲渡）

159 electorate
[ɪléktərət]

名 選挙民（全体），選挙母体，有権者

The *electorate* has spoken.

（選挙民は判定を下した）

160 proclaim
[proukléɪm]

他 を宣言する，を布告する（= declare）；（人など）を（…であると）声明［公表，発表］する

The island *proclaimed* its independence.

（その島は独立を宣言した）

⇨ proclamation 名 宣言（書），布告，発布；声明（書），発表

161 precept
[príːsept]

名 教訓，戒め，教え；[法] 命令書，令状，指令

Example is better than *precept*.

（《ことわざ》実例は教訓に勝る）

162 plenary
[plíːnəri]

形（会議などが）全員出席の；（権力などが）絶対的な，最大限の

a *plenary* session [meeting]
（全体会議，総会）

plenary powers（全権）

名 **全体会議，総会**（= plenum）

163 formative
[fɔ́ərməṭɪv]

形 **形をつくる；(人格などを) 形成する；(形成期に) 重要な**

formative arts（造形美術）

formative evaluation（形成的評価）

★ summative evaluation（総括的評価）

formative influences
（(人の) 発達に大切な影響）

名 文法 **(語の) 構成要素**

⇨ form 他 (物) を形づくる 自 (物が) 形を成す

164 reconcile
[rékənsàɪl]

他 **(対立する考えなど) を調和させる，を一致させる；(通例受身で) (けんかをおさめて) を仲直りさせる；(争いなど) を調停する**

reconcile accounts（帳尻を合わせる）

The President *reconciled* the dispute between the two countries.
（大統領は両国間の紛争を調停した）

⇨ reconciliation 名 和解，調停；調和，一致

165 continuation
[kəntìnjuéɪʃən]

名 **続ける[続く]こと，継続，存続；(話などの) 続き，続編**

a *continuation* of hostilities

文系共通語彙

■「宣言する」の使い分け

declare：明確にまたは公的に知らせる
proclaim：(国家的に重要なことを) 公式に発表する
publish：特に印刷して公に発表する
promulgate：(新しい法令・思想を) 公表して広く知らせる《格式ばった語》

(戦闘の再開)
a *continuation* of last week's meeting
(先週の会議の続き)
⇨ continue 他 を続ける　自 続く

166 **empower**
[ɪmpáuɚ]

他 (しばしば受身で) (人)に(…する)権限[権能]を与える (= authorize)
Congress is *empowered* by the Constitution to make laws.
(国会は憲法によって法律を制定する権限を与えられている)
⇨ empowerment 名 権限付与

167 **homicide**
[hάməsàɪd]

名 法 殺人；(H- で)(警察の)殺人捜査課
★murder (謀殺, 計画的な殺人) / manslaughter (故殺, 過失による殺人)
homicide in self-defense
(自衛のための殺人)

168 **transcend**
[trænsénd]

他 (経験・理解力の範囲)を越える, を超越する；(強さ・大きさ・質などで)をしのぐ, より勝る〈in〉
Art can *transcend* death.
(芸術は死をも超越できる)
⇨ transcendence 名 超越, 卓越, 優越
⇨ transcendent 形 (才能などが)卓絶した, 抜群の, 並みはずれた
⇨ transcendental 形 (考えなどが)超越的な, 先験的な；(経験などが)超自然的な；深遠な, 抽象的な
transcendental cognition
(先験的認識)

169 **deterrence**
[dɪtə́:rəns]

名 防止, 阻止；抑止(力)
nuclear *deterrence* (核の抑止力)
⇨ deter 他 (人)に(おじけづかせて)(…(するの)を)やめさせる〈from

(*do*ing)〉，を思いとどまらせる，阻止する

170 dichotomy
[daɪkɑ́təmi]

名 (正反対なものへの) 二分 (法)

set up a *dichotomy* between theory and practice (理論と実践とに二分する)

171 surrogate
[sɚ́ːrəgèɪt]

名 代理，代用物 (= substitute)；監督代理；《米》遺言検認判事

形 代理の，代用の

a *surrogate* mother (代理母)

172 overwhelm
[òʊvɚ(h)wélm]

他 (しばしば受身で) (感情などが) を (精神的に) 圧倒する，を大いに驚かす；を参らせる，を閉口させる；(数・勢力で) を圧倒する

The dimensions of the problem *overwhelmed* the city authorities.
(その問題の広がりは市当局を困惑させた)

⇨ overwhelming **形** 抵抗できないほどの，(数・勢力が) 圧倒的な

an *overwhelming* disaster
(不可抗力の災害)

173 consolidate
[kənsɑ́lədèɪt]

他 (立場・権力など) を強化する，を固める；(土地・会社など) を整理統合する，を合併する

The new trade agreement will *consolidate* economic ties between the two nations.
(新しい貿易協定によって2国間の経済的結びつきは強化されるであろう)

自 固まる，強固になる；(会社などが) 統合する〈into〉

⇨ consolidation **名** 強化；合併，統合

174 extant
[ékstənt]

形 (古文書・記録など) 今なお残っている，現存の

文系共通語彙

an *extant* copy(残存している版本)

175 appreciation
[əpriːʃiéɪʃən]

名 感謝(= gratitude);真価を認めること,評価;正しい認識;鑑賞,理解,鑑賞力;(価格の)騰貴

Through this experience I have arrived at a new *appreciation* of the sanctity of life.(この経験によって生命の尊厳をあらためて認識するようになった)

He has a keen *appreciation* of music.(彼には音楽に対する鋭い鑑賞力がある)

⇨ appreciate 他 (人の好意など)をありがたく思う,を感謝する;(人・もの)のよさがわかる,の真価を認める

⇔ depreciation 名 価値低落,下落;経済 減価償却;軽視

176 appropriation
[əpròupriéɪʃən]

名 充当金,歳出予算;充当;流用;専有;横領

a housing *appropriation*(住宅建設費)

make an *appropriation* of one million yen(100万円支出する)

⇨ appropriate 他 (資金など)を(ある用途に)当てる,を充当する〈for〉;(公共物)を私物化する;を着服する,(考えなど)を盗む

177 exclusively
[ɪksklúːsɪvli]

副 もっぱら,全く…のみ(= solely, only);排他的に;独占的に

This information is intended *exclusively* for the members of this committee.(この情報は本委員会のメンバーに限ります)

⇨ exclusive 形 排他的な;独占的な
名 (新聞などの)独占記事

178 genocide
[dʒénəsàɪd]

名 (人種・国民などの計画的な)大量虐殺,皆殺し

179 provisional
[prəvíʒ(ə)nəl]

形 仮の, 暫定的な, 臨時の
(= temporary)
a *provisional* government (臨時政府)
The contract is *provisional*.
(この契約は暫定的なものです)
⇨ provisionally 副 仮に, 暫定的に

180 mentor
[méntɚ]

名 (恩) 師, よき助言 [指導] 者
他 の助言者となる

181 erroneous
[ɪróuniəs]

形 誤った (= mistaken), 間違った
(= wrong)
an *erroneous* assumption
(間違っている前提 [仮定])
⇨ error 名 誤り, 間違い
⇨ erroneously 副 誤って, 間違って

182 retailer
[ríːteɪlɚ]

名 小売り業者, 小売り店主
(《米》= merchandiser)
★ wholesaler (卸売り業者)
expenditure by *retailers* on advertising
(小売り店主による広告費用)
⇨ retail 名 小売り 他 を小売りする

183 purport
[pɚ(ː)pɔ́ɚt]

名 (全体の) 意味; 趣旨, 主意, 要旨
the main *purport* of his speech
(彼の演説の要旨)
他 (実際はともかく) と称する; と主

文系共通語彙

■「意味」の使い分け

meaning：最も意味の広い語で言語・記号・身振り・絵画などが指示する [表す] もの
sense：特に語句の特定の意味
purport：言明・手紙などの全体的な意味《格式ばった語》
signification：語・記号の表す意味《格式ばった語》
significance：あるものの意味；重要性
implication：明言されないが話された言葉によってほのめかされる意味

張する (= claim)

The document *purports* [is *purported*] to be official. (その文書は公式のものだと称している (が実際は疑わしい))

184 **solidarity**
[sὰlədǽrəṭi]

名 **(一致)団結, 結束, 連帯**〈with〉
the *solidarity* of a party (党の団結)

185 **marital**
[mǽrəṭl]

形 **婚姻の;夫婦 (間) の**
marital status (婚姻関係の有無)

186 **abandonment**
[əbǽndənmənt]

名 **放棄;遺棄;断念**〈of〉**;自暴自棄**
the *abandonment* of a child
(子供の遺棄)

the *abandonment* of a project [an attempt] (プロジェクト [計画] の断念)

malicious *abandonment*
(法)(妻 [夫] の) 悪意の遺棄)
⇨ abandon 他 を捨てる, を見捨てる;をゆだねる

187 **oppress**
[əprés]

他 **を圧迫する, を抑圧する, を虐 (しいた) げる;に圧迫感 [重苦しい感じ] を与える**

The people were *oppressed* by the government.
(国民は政府に抑圧されていた)
⇨ oppression 名 抑圧, 圧迫, 圧制;圧迫感

centuries of *oppression*
(何百年にもわたる圧制)
⇨ oppressive 形 圧制的な, 圧迫的な;苛酷 (かこく) な, 厳しい

188 **indifferent**
[ɪndíf(ə)rənt]

形 **無関心な, 冷淡な;中立の, 公平の;重要でない, どうでもよい**

an *indifferent* audience (無関心な聴衆)
⇨ indifferently 副 無関心に, 冷淡に;どっちにもつかずに, 中立で, 公平に

⇨ indifference 名 無関心, 冷淡；重要でないこと

189 compile
[kəmpáɪl]

他 (辞典・事典など)を編集する；(しばしば受身で) (資料など) をまとめる 〈for〉

This book was *compiled* from his lectures.
(この本は彼の講義をまとめたものだ)
compile a report (報告書をまとめる)
⇨ compiler 名 編集者, 編纂 (へんさん) 者
⇨ compilation 名 編集した物 〈of〉；編集, 編纂

190 entrench
[ɪntréntʃ]

他 (通例受身・～ oneself で) (自分) の立場を固める；に特別な法的保護を与える；(習慣など) を確立する

They are *entrenched* behind a wall of privileges.

文系共通語彙

■「結束」の使い分け

union：共通の目的のためにひとつの組織に結合されて, 調和や協調が保たれていること
unity：さまざまな要素や個々には独立したものから成っていても, 基本的な利害や目的などが一致して統一がとれていること
solidarity：あるグループや組織の union がいっそう強く, 団結が固くて一致した行動がとれること

■「無関心な」の使い分け

indifferent：ある特定の人・物について無関心な；中立な態度をとる
unconcerned：世間知らず・無頓着・身勝手などのため, あることに対して平然とし, 無関心な
detached：あることに対して利害関係や感情的な肩入れがないために超然とした

(堅固な特権の陰に立てこもっている)
a custom *entrenched* by tradition
(伝統によって確立した慣習)
⇨ entrenched 形 (しばしばけなして)
(習慣・信念などが) 確立した, 凝り固まった

191 **predecessor**
[prédəsèsɚ]

名 **前任者** (⇔ successor); **先輩**; **前に存在していたもの, 前のもの**
one's immediate *predecessor*
(直接の前任者)
We should never neglect the experience of our *predecessors*.
(先人の経験を無視すべきではない)

192 **antecedent**
[æntəsíːdənt]

名 **先立つもの, 先行者, 前例**; 文法 **先行詞**; (複数形で) **祖先**; **経歴, 履歴**; 論理 **前件**; **前提**
the evolutionary *antecedents* of modern mammals
(哺乳動物に進化の上で先行する動物)
形 **先立つ, 先行する**; 論理 **推定的な**
antecedent conditions (先行条件)
⇨ antecedently 副 前に, 先立って; 推定的に
⇨ antecedence 名 (時間・順序が) 先立つこと, 先行

193 **undue**
[ʌ̀nd(j)úː]

形 **過度の, 非常な**; **不当な, 不適当な**; **(負債など)(支払い)期限に達していない[達しない]**
an *undue* expenditure of energy
(エネルギーの過度の消費)
exert *undue* influence
(不当な影響力を行使する)
⇨ unduly 副 過度に, はなはだしく; 不当に, 法外に

194 incline アク
動 [ɪnkláɪn]
名 [ínklaɪn]

他 に（…する）傾向を持たせる〈to *do*〉**；を（…に）向かわせる**〈to, toward〉
I'm *inclined* to agree with you on that point.（その点であなたに同意したいと思います）

自 傾く；…したい気がする〈to *do*〉**；…になりがちである**〈to, toward〉
incline at an angle of fifty degrees
（50度の角度で傾く）

名 斜面，坂（= slope）
a steep *incline*（急な傾斜［坂］）
⇨ inclination 名（…したい）気持ち，思い；好み；（気質的な）傾向

195 amnesty アク
[ǽmnəsti]

名 恩赦，特赦，大赦；赦免［免責］期間
declare an *amnesty*（恩赦を発表する）
grant an *amnesty* to criminals
（罪人に大赦を行う）

196 promulgate
[prάməlgèɪt]

他（教義・思想など）を広める；（法令など）を発布［公布］する
promulgate knowledge（知識を広める）
promulgate a decree [laws]
（命令［法律］を発布する）
⇨ promulgation 名（法令などの）発布，公布；（教義などの）普及

197 recollection
[rèkəlékʃən]

名 思い出すこと，想起；記憶（力）；（しばしば複数形で）思い出，記憶；回想
evoke a *recollection*
（記憶を呼びさます）
⇨ recollect 他 を（努めて）思い起こす，を思い出す；を回想する 自 思い起こす
as far as I *recollect*
（私の記憶する限りでは）

文系共通語彙

198 ambivalence
[æmbívələns]

名 複雑な(好悪(こうお)の入りまじった)感情;迷い, どっちつかずの状態 〈about, toward〉; 心理 両面価値;あいまいさ, 矛盾

The poem betrays *ambivalence* toward the meaningfulness of life.
(その詩は人生の意義に対する矛盾した感情を(はからずも)表している)

⇨ ambivalent 形 相反する(気持ちをもって);どっちつかずの状態の; 心理 両面価値の

199 verdict
[vɚ́ːdɪkt]

名 法 (陪審の)評決, 裁断, 答申;判断, 意見;(権限をもつ人・団体による)決定, 決議

The jury has [have] reached [delivered, rendered] a *verdict* of guilty [not guilty].
(陪審員は有罪[無罪]の評決に達した[を下した])

the *verdict* of the people on the plutocracy
(金権政治に対する国民の審判)

200 vernacular
[vɚnǽkjʊlɚ]

名 (しばしば the 〜で)(話しことばとしての)自国語;土地のことば, 方言, お国なまり;(その土地)固有の建築様式

He speaks an incomprehensible *vernacular*.(彼はよくわからない(土地)ことばを話す)

形 自国語の;(建築様式などが)その土地固有の

a *vernacular* (news)paper
(自国語[現地語]新聞)

a *vernacular* poem (土地ことばの詩)

201 faction
[fǽkʃən]

名 (政党・組織などの中の)派閥, 党派;徒党〈of〉;党派心, 派閥根性;党派の

争い，派閥争い
★clique は密接な連帯意識をもった排他的な小人数のグループ
a discontented *faction*（不平分子）
split into petty *factions*
（小党派に分裂する）
⇨ factional 形 派閥の

202 **bloc**
[blák]

名 ブロック，圏；《米》(超党派的)議員連合
the dollar *bloc*（(貿易決済がドルで行われる)ドルブロック）
the Farm *bloc* in Congress（議会の農業地区選出議員連合，「米(こめ)議員」）
形 ブロックの
bloc economy（ブロック経済）

203 **envisage**
[ɪnvízɪdʒ]

他 (未来)を心に描く；を予測[予想]する
I *envisage* myself as an established researcher someday.（私はいつの日か研究者としての地位を確立した自分の姿を心に描いている）

204 **supremacy**
[suprémǝsi]

名 主権；支配権；優位，優勢〈over〉；至高；最高位〈of〉
naval *supremacy*（海上制覇，制海権）
contend *supremacy*（覇を争う）

文系共通語彙

■「記憶」の使い分け

memory：覚えておく，または思い起こす力，記憶（力）
remembrance：出来事を再び思い起こすこと，またはそれを記憶にとどめておくこと，記憶にとどめられた[られるべき]ものごと
recollection：記憶（の片隅）に残っているものごと
reminiscence：過去の事件や経験を静かに思い起こす[語る]こと，またそうして語られるようなものごと

⇨ supreme 形 最高の；最も重要な
the *Supreme* Court（最高裁判所）

205 forensic
[fərénsɪk]

形 **(犯罪の) 科学捜査の，法医学の；法廷の；討論の**

forensic evidence（法医学的証拠）
forensic ability [eloquence]（(弁護士としての) 法廷弁論の才能 [雄弁]）

206 cardinal
[kάɚdən(ə)l]

名 **枢機卿 (けい)；(通例複数形) 基数**（★ ordinal（序数））

形 **基本的な，主要な；重大な**

a *cardinal* principle（基本原則）
a matter of *cardinal* importance
（極めて重要な事）

207 flaw
[flɔ́ː]

名 **きず，割れ目；(理論などの) 欠陥；(人格の) 問題点**

correct a *flaw* in a design
（設計の欠点を修正する）
a *flaw* in an otherwise perfect character
（それさえなければ完全となる人格上の欠点，玉にきず）

⇨ flawless 形 きずのない，欠点のない；完璧な

208 exert
[ɪgzə́ːt]

他 **(権力など) を行使する；(影響) を及ぼす；(力など) を出す，を働かす**

exert (a) power over ...
（…に権力 [力] をふるう）
exert all one's powers（全力を尽くす）
He tried to *exert* his influence on the congressmen.（彼は下院議員に影響力を行使しようとした）

⇨ exertion 名 力を出すこと；努力；(力の) 発揮；(権力の) 行使

209 allude
[əlúːd]

自 **(間接的に) 言及する，ほのめかす**
★さりげない，または遠回しな言い方

でほのめかすこと。refer は人の注意・関心を引くために直接にはっきりとある人・物の名をあげる，またはそれに言及すること

These lines seem to *allude* to a Greek myth. (それらの詩行はギリシャ神話に言及しているようだ)

⇨ allusion 名 (間接的な) 言及，ほのめかし，当てつけ

⇨ allusive 形 ほのめかした，当てこすりの

210 diplomacy
[dɪplóʊməsi]

名 **外交；外交的手腕，(交渉上の) 駆け引き，人使いの上手さ**

★しばしば自分の目的のために抜け目なくふるまうこと。tact は人間関係をトラブルにならないようにうまくこなす如才なさ，気配りを表す

⇨ diplomatic 形 外交の，外交上の [的な]；外交官の；外交的手腕のある，駆け引きの上手な；(人との応対に) そつのない，如才ない

diplomatic relations (外交関係)

211 bankruptcy
[bǽŋkrʌptsi]

名 **破産，倒産；(名声などの) 失墜 ⟨of⟩；(性格の) 破綻 (はたん)**

file for *bankruptcy*
(破産 [破産法適用] を申請する)

a trustee in *bankruptcy* (法 破産管財人)

⇨ bankrupt 形 破産した；破産宣告を受けた；(精神的に) 破綻した；(…を) 欠いて ⟨of⟩ 名 破産者；破産宣告を受けた人；(性格) 破綻者 他 を破産させる

212 detain
[dɪtéɪn]

他 法 **(人) を勾留 [監禁，留置] する；(人) を引き留める，を待たせておく**

文系共通語彙

Police *detained* the suspect for further questioning.（警察はさらに尋問するために容疑者を勾留した）

Our vessel was *detained* in quarantine.（船は検疫でとめられた）

⇨ detention 名 勾留（期間），拘禁

213 hegemony
[hɪdʒémənɪ]

名 支配権，指導権，覇権（はけん）

（= domination）

hold *hegemony* over …
（…に対して支配権を握る）

214 asylum
[əsáɪləm]

名 [法]（大使館が亡命者・政治犯に与える）一時的保護；避難所，隠れ場

seek [ask for] political *asylum* in America
（アメリカに政治的亡命を求める）

the right of *asylum*（被（収容）保護権）

215 secular
[sékjʊlər]

形 （宗教的に対して）世俗的な，非宗教的な（⇔ religious, sacred）；この世の，現世の

secular education
（（宗教教育をしない）普通教育）

216 forge
[fɔ́ːrdʒ]

他 （関係など）を形成する；（地位など）を築きあげる；（案など）をまとめあげる；（文書・署名など）を偽造する

forge a friendly relationship
（友好関係を築く）

forge a passport
（パスポートを偽造する）

⇨ forgery 名 偽造，贋造（がんぞう）；[法] 文書偽造罪

217 lobby
[lábi]

名 （単数形でも時に複数扱い）（議会の）圧力団体；賛成[反対]運動の陳情団；（議会への）陳情，請願

自 議員に議案通過[阻止]の働きかけ[ロビー活動]をする ⟨for, against⟩

他 ロビー活動をして(議案)を(議会などで)通過させ(ようとす)る;(議員・議会)に陳情する

lobby a bill through Congress
(運動して議案を通過させる)

⇨ lobbyist 名 (議会への)陳情者, 院外運動者, ロビイスト

218 **morale** 発音
[mərǽl]

名 (人・集団の)士気;意気込み, 気力
raise the *morale* of the research team
(研究チームの士気を昂揚する)

219 **atrocity**
[ətrásəṭi]

名 残虐, 極悪;(通例複数形で)(主に戦時中の)残虐行為
barbaric *atrocities* (野蛮な残虐行為)

220 **domicile**
[dáməsàɪl]

名 住所, 住居; 法 居住地; 商 手形の支払場所
one's *domicile* of choice [origin]
(寄留[本籍]地)

221 **dedicate**
[dédɪkèɪt]

他 (主義・目的・活動などのために)をささげる,(余暇など)をそそぎ込む;(紙面・時間など)をさく;を奉納[献呈]する; 法 (私有地)を公共の用に供する

She has *dedicated* her life [herself] to (helping) poor people. (彼女は一生を貧しい人(の救済)にささげた)

Dedicated to Professor Smith
((本の扉などで)スミス教授にささぐ)

⇨ dedication 名 献身;奉納, 献呈;献

文系共通語彙

■「ささげる」の使い分け

devote : 誓いを立てるようにして真剣に, 忠実にある目的・活動・人のためだけに一身または努力・時間をささげる
dedicate : 神聖[重大]な目的のために厳粛に公式にささげる
consecrate : 普通宗教上の神聖な目的のためにささげる

呈のことば, 献辞；[法]献地

222 alienation
[èɪliənéɪʃən]

[名] 遠ざけること, 疎外, 疎遠；疎外感；
[法] (主に不動産権の)譲渡, 割譲
(= transference)
a sense of *alienation* (疎外感)
⇨ alienate [他] を遠ざける, を疎外する, を疎(うと)んずる；[法] を譲り渡す

223 overt
[ouvə́ːt]

[形] (証拠などが) 明白な；公然の
an *overt* act ([法] 歴然たる犯行)
⇔ covert [形] ひそかな, 隠れた；暗に示した
⇨ overtly [副] 明白に；公然と

224 perpetrator
[pə́ːpətrèɪtər]

[名] 悪事を行う人；加害者, 犯人 ⟨of⟩
⇨ perpetrate [他] (悪事・過失など)を犯す, をしでかす

225 lag
[lǽg]

[自] 遅れる
We should not *lag* behind other nations in the exploration of space. (宇宙開発の点で他国に遅れをとってはならない)
[名] 遅れ
a time *lag* (時間のずれ)
a jet *lag*
((ジェット機旅行による) 時差ぼけ)
culture *lag* ([社会] 文化的遅滞)

226 acquiescence
[ækwiés(ə)ns]

[名] (不本意な) 同意, 黙従 ⟨in, to⟩
That would require the *acquiescence* of our allies. (それを行おうとすれば同盟国の同意が必要だ)
⇨ acquiesce [自] (不本意ながら) 同意する, 黙って従う

227 accusation
[ækjuzéɪʃən]

[名] [法] 告発, 罪状；非難, 言いがかり
bring [make] an *accusation* against ...
(…を告発する)

justify an *accusation*（(自分の) 言い分の正しさを立証する；罪状を立証する）
⇨ accuse 他 (人) を非難する；(人) を訴える, を告発する

228 ensue
[ɪnsúː]

自 (当然の結果として) 続いて起こる, 続く

A fierce controversy *ensued*.（激烈な議論が (それに) 続いて起こった）

229 orthodoxy
[ɔ́ɚθədɑ̀ksi]

名 正統派的信仰 [学説]；正統性；正統派的慣行；通説に従うこと；(O- で) (キリスト教の) (東方) 正教会 (の信条, 慣行)

economic *orthodoxy*
(正統的な経済学説 [観]）
⇔ heterodoxy 名 異教；異説；異端
⇨ orthodox 形 正統の；(特に宗教上の) 正説の [を奉ずる], 正統派の；(O- で) (キリスト教の) (東方) 正教会の

230 endowment
[ɪndáʊmənt]

名 寄付金；寄贈, 寄付；(通例複数形で) 資性, 才能

Our university received a large *endowment* from the foundation.
（私たちの大学はその財団から多額の寄付金を受けた）

natural *endowments*（天賦の才）
⇨ endow 他 (大学・病院など) に基金を寄付する, に財産を贈る；(人) に (能力・才能などを) 授ける

231 imperative
[ɪmpérətɪv]

形 緊急の, 必須の；命令的な, 断固とした；文法 命令法の

★ indicative (直説法の) / subjunctive (接続法の)

It's *imperative* that we (should) act at

once.（いやでもおうでも直ちに行動を起こさなければならない）
an *imperative* sentence（命令文）
名 命令；(情勢などによる) 必要 (性), 義務, 要請；(the 〜で) 文法 命令法
legal *imperatives*（法令）
moral *imperatives*（道徳的要請）

232 tariff
[tǽrɪf]

名 関税；関税表
a protective *tariff*（保護関税）
a *tariff* barrier（関税障壁）

233 clan
[klǽn]

名 氏族；(特に Scotland の) 一族, 一門；一味, 派閥；社会 クラン

234 writ
[rít]

名 法 令状；権威
a *writ* of habeas corpus（人身保護令状）
a *writ* of execution（判決執行令状）

235 attest
[ətést]

自 (…を) 証言 [証明] する；(物事が) (…の) 証拠となる〈to〉
He *attested* to the truth of her statement.
（彼は彼女の陳述が真実であると証言した）
The antiquity of the custom is *attested* to by archaeological evidence.
（その風習が古くからあることは考古学上の証拠で立証されている）
他 の真実性を証言 [証明] する；(物事が) の証拠を示す

236 indictment 発音
[ɪndáɪtmənt]

名 法 起訴 (手続き), 告発；起訴 [告発] 状；(一般に) 非難 [告発] (の理由), (…の) 不備を示すもの〈of〉
bring in an *indictment* against a person
（人を起訴する）
The rise in truancy is an *indictment* of our education system.（無断欠席の増加は教育制度の欠陥を示している）

⇨ indict 他 法 (人)を起訴[告発]する

237 outset
[áʊtsèt]

名 (the ～で) **初め, 始まり**
(= beginning)
at [from] the (very) *outset*
(最初に[から])

238 chancellor
[tʃǽns(ə)lɚ]

名 (しばしば C- で)《英》**(大蔵)大臣, 司法官, 長官; (ドイツ・オーストリアの)首相**;《米》**(一部の大学の)学長**;《英》**(名誉)総長**
the *Chancellor* of the Exchequer
(《英》大蔵大臣)
the *Chancellor* of the University of Lancaster
(ランカスター大学の(名誉)総長)

239 didactic
[daɪdǽktɪk]

形《通例軽蔑》**教訓的な; 教師然とした, お説教がましい**
didactic poetry (教訓詩)
⇨ didactically 副 お説教がましく

240 tenet
[ténɪt]

名 **主義, 教義, 信条**
the basic *tenets* of structural linguistics
(構造言語学の基本的な教義)
adopt the *tenets* of ...
(…の教義を採択する)

241 eventual
[ɪvéntʃuəl]

形 **結果として起こる; 最後の, 結局の**
the *eventual* outcome [result] (of ...)
((…の)最終的な結果, 結末, 行きつくところ)

文系共通語彙

■━「税金」の使い分け

tax : 税金を表す最も一般的な語
tariff : 輸入品・輸出品にかけられる関税を言う
duty [duties] : 物品・相続に課せられる税金
dues : 会費や使用料として支払われる金・税

⇨ eventually 副 結局は, ついに(は) (= finally); やがて(は)

⇨ eventuality 名 起こりうる(よくない)事柄, 万一の場合

242 **informative**
[ɪnfɔ́ːmətɪv]

形 情報[知識]を与える, ためになる

an *informative* essay
(情報量の多い論説)

⇨ informatively 副 情報を与えて, 有益に

⇨ informativeness 名 情報を与えること, 有益さ

243 **epistemic**
[èpəstíːmɪk]

形 知識の[に関する]; 認識的な, 認識上の; 〔言語〕陳述緩和の

epistemic passive (陳述緩和受動文)

⇨ episteme 名 知識, 認識, エピステーメー

★ epistemology (名〔哲〕認識論)

244 **conspiracy**
[kənspírəsi]

名 共謀, 陰謀, 謀議 (= plot); 〔法〕共同謀議

in *conspiracy* (共謀して, 徒党を組んで)

form a *conspiracy* against the government
(政府に対して陰謀を企てる)

⇨ conspire 自 陰謀を企てる, (…と)共謀する 〈with〉

245 **superintendent**
[sùːp(ə)rɪnténdənt]

名 監督(者), 管理者, 取締役, 指揮者; 長官, 部長, (管理)局長, 院長

a *superintendent* of schools [education]
(教育長)

246 **franchise**
[frǽntʃaɪz]

名 フランチャイズ; (国が会社などに与える)営業免許, 特権; 放映権; (the 〜で) 市民権, 公民権 (= citizenship); (法人団体の)団員権; 選挙権 (= suffrage)

a *franchise* for a fast-food restaurant

(ファーストフードレストランの営業権)
the parliamentary [municipal] *franchise*
(国会[市会]議員選挙権)

247 **hyperbolic**
[hàɪpɚbálɪk]

形 誇張法の；大げさな；数 双曲線の

a *hyperbolic* headline
(大げさな見出し)
a *hyperbolic* curve (双曲線)
⇨ hyperbole 名 誇張(法)
⇨ hyperbola 名 数 双曲線

248 **massacre** 発音
[mǽsəkɚ]

名 大虐殺；完敗；大打撃
他 を大量虐殺する；を完敗させる

249 **redress**
[rɪdrés]

他 (不正など)を正しく直す；(不平の種など)を除く，(損害など)を償う
redress the balance (不均衡を正す)
名 (不正の)矯正；補償(= compensation)
seek *redress* for ...

文系共通語彙

■「主義」の使い分け

doctrine：(宗教・政治・学問上の) 信念・主義・理論《格式ばった語》
dogma：《しばしば軽蔑》疑問の余地なく正しいとされている信念(の体系)
tenet：理論や信念の基になっている原理の一つ《格式ばった語》
precept：行動・思考様式の基になる指針

■「補償」の使い分け

reparation：相手に与えた不正・損害の補償をすること《格式ばった語》
restitution：不法に失ったり奪ったりしたものを元の所有者に戻すこと《格式ばった語》
redress：損害などを補償すること
indemnification：法 商 保険会社などが損失・損害に対して補償すること

(…に対する補償を求める)

250 turnout
[tə́ːnàʊt]

名 人出；(集会の) 参加者 (全体)；選挙の出足, 投票率

There was quite a good [poor] *turnout* at the polls. (投票所への有権者の出足はよかった [よくなかった])

the *turnout* for the poll (投票率)

251 allegiance
[əlíːdʒəns]

名 (国家に対する) 忠誠 (= loyalty), 忠義；(主義などに対する) 信義

The critic owes no *allegiance* to anything but the truth. (批評家は真理にしか忠誠を誓う必要はない)

pledge [swear] *allegiance* to the country (国への忠誠を誓う)

252 abide
[əbáɪd]

他 (can, could とともに否定文・疑問文で) を我慢する；を覚悟して待つ；(運命・判決) を甘んじて受ける

abide the consequences of one's deed (自分のした事の結果に甘んじる [の罰を甘受する])

自 留まる, 持続する (= remain)；そのままであり続ける (= last)；(～ by で)(規則・法令・決定などを) 守る；(結果などを) 甘受する；(決定などに) 従う

abide by the law [one's promise] (法律 [約束] を守る)

⇨ abiding **形** (感情など) 長続きする, 永久的な

★ law-abiding (**形** 法を守る, 遵法の)

253 prerogative
[prɪrɑ́gətɪv]

名 特権, 特典；大権

the *prerogative* of the President to pardon criminals
(犯罪者を赦免できる大統領の特権)

It is within his *prerogative* to leave.

（退場するのは彼の特権[自由]である）

254 bulletin
[búlətn]

名 (官庁の)公報, 告示；掲示；(ラジオ・テレビの)ニュース速報；(学会などの)会報

a *bulletin* board（掲示板（= a notice board））

a college alumni *bulletin*
（大学の同窓会の会報）

255 communal
[kəmjúːn(ə)l]

形 (人種・宗教などの異なる)共同体[集団]間の；自治体の, 市町村の；共同社会の；公共の

communal strife（集団間の争い）

⇨ communally 副 共同体間で；自治体で；共有して

256 covenant
[kʌ́v(ə)nənt]

名 契約, 盟約, 誓約；法 捺印（なついん）証書；捺印証書契約；契約条項

an international *covenant*（国際的盟約）

他 (ある額)を支払うことを約束する；(…すること)を契約する〈to *do*〉

自 支払を約束する〈for〉

257 voluntarily
[vὰləntérəli]

副 自由意志で, 自発的に；任意に

⇨ voluntary 形 自発的な, 志願の

258 frustrate
[frʌ́streɪt]

他 を阻止する；(人)を失敗させる；を欲求不満にさせる, (人)に挫折感を起こさせる

be *frustrated* in one's attempt

文系共通語彙

■「忠誠」の使い分け

allegiance：君主・国家・主義などを支持し忠誠を尽くすこと
fidelity：主義・宗教・指導者に対して極めて忠実なこと
loyalty：前の二つより一般的な語で, 自分の家族・友人・国家に対して誠実であること
devotion：人や主義などに身をささげること（対象への愛着を暗示する）

(企てに失敗する)
⇨ frustration 名 挫折, 失敗；欲求不満, フラストレーション
the *frustration* of adolescence
(青年期の挫折)

259 **refrain** [rɪfréɪn]

自 **(…を)控える**〈from〉；**断つ, やめる；我慢する**
refrain from comment [criticism]
(コメント [批判] を控える)
名 **(詩・歌の各節の終わりの)折り返し句, 畳句, リフレイン**
a haunting *refrain*
(繰り返し心に浮かぶ決まり文句)

260 **dismissal** [dɪsmís(ə)l]

名 **解雇, 免職；法 (訴訟の)却下, (上訴の)棄却, (起訴の)取り下げ；(考えなどの)放棄, 無視**
unfair *dismissal* (不当解雇)
request *dismissal* of the case
(訴訟の取り下げを要求する)
⇨ dismiss 他 (考え・思いなど)を捨てる, を退ける；を解雇する

261 **confidential** [kànfədénʃəl]

形 **機密の, 内々の；秘密を打ち明ける**
a *confidential* document (機密書類)
a *confidential* inquiry (秘密調査)
⇨ confidence 名 (秘密を打ち明けられる) 信頼関係 [状態]；打ち明けること；(そっと打ち明ける) 秘密, 内緒事

262 **revolt** [rɪvóʊlt]

名 **(比較的小規模な)反乱, 暴動；いや気, 不快, 反感**
rise in *revolt* (反乱を起こして立つ)
自 **反乱を起こす, 反抗する** (= rebel)
The people *revolted* against the dictator.
(国民は独裁者に向かって反乱を起こ

した）

他（しばしば受身で）を不快にする；の胸を悪くさせる

The violence on television *revolts* me. （テレビで放映される暴力には胸が悪くなる）

⇨ revolting 形 不快を催させる，実にいやな（= disgusting）

263 affirmative
[əfə́ːmətɪv]

形 肯定［賛成］の（⇔ negative）
an *affirmative* vote（賛成票）
affirmative action（《米》差別撤廃措置）

名 肯定的な表現［答え］；肯定（側）
answer in the *affirmative*（肯定する，そうだと答える）★say yes と言うほうが一般的

⇨ affirm 他（公に）を断言する；を支持する；を肯定する

264 oracle
[ɔ́ːrəkl]

名 神託，託宣；神託を告げる人，託宣者，巫女（みこ）
consult the *oracles*（神託を求める）

265 outweigh
[àutwéɪ]

他（重要性・価値などの点で）より勝る；より重い

■「控える」の使い分け

refrain：ある行動・欲望を一時的に抑える
abstain：主義上または熟慮のうえで自分に有害と思われることを強い意志で慎む
forbear：自制心を働かせて我慢する

■「反乱」の使い分け

rebellion：政権を奪うことを目的とした大規模な武力行動
revolt：体制に反抗する運動，または政治体制を変えようとする暴力的な試み
revolution：政権を武力をもって奪うこと，革命

文系共通語彙

The advantages far *outweigh* the disadvantages.
(長所が短所をはるかに上回る)

266 **presidency**
[préz(ə)dənsi]

名 大統領の地位［任期］, 会長［総裁など］の地位［職, 任期］

He died during his *presidency*.
(彼は大統領の任期中に死んだ)

267 **grate**
[gréɪt]

他 (チーズ・人参など)をおろす, をすりつぶす；をきしらせる

自 きしる, すれ合う〈on, against〉；(神経などに)さわる, (人の)感情を害する

His attitude *grated* on my nerves.
(彼の態度が私の神経にさわった)

⇨ grating 形 (音などが)きしる, 耳ざわりな；(性格などが)人をいらいらさせる

268 **erode**
[ɪróʊd]

他 (風雨などが)を浸食する；を(徐々に)損なう

The value of her stock was considerably *eroded*.(彼女の株の価値がかなり損なわれた)

自 腐食される；むしばまれる, 徐々になくなる；(価値などが)低下する

⇨ erosion 名 浸食；腐食；崩壊, 減少；低下

269 **revive**
[rɪváɪv]

自 生き返る；回復する；活気づく

The market has *revived*.
(市場の景気が回復した)

他 を生き返らせる；を回復させる

The ancient ceremony was *revived*.
(その古い儀式が復活した)

revive the economy
(経済を回復させる)

⇨ revival 名 復活；復興；生き返（らせ）ること；(元気などの) 回復

a *revival* in Scottish poetry
(スコットランド詩の復活)

270 redemption
[rɪdém(p)ʃən]

名 受け戻し；返済, 償却；(名誉の) 回復, 挽回；(キリストによる) 救い；(罪の) あがない

equity of *redemption*
(法 衡平法上の受戻権)

the money for *redemption* of one's loan
(ローンの償却に当てる金)

⇨ redeem 他 (名誉・名声など失ったもの) を取り戻す, を回復する；(欠点など) を補う, を埋め合わせる；(証券・クーポンなど) を現金［現物］化する, を償還する；(債務など) を返済［償却］する；(神やキリストが) (人) を (罪悪から) 救い出す〈from〉

271 permissible
[pəmísəbl]

形 (…にとって) 許される, 差しつかえない〈to〉

permissible exceptions
(容認できる例外)

⇔ impermissible 形 容認できない
⇨ permissibly 副 差しつかえない程度に

272 whereby
[(h)wèəbáɪ]

副 (それによって, それに従って) …する (手段など)

the law *whereby* all schoolchildren are given textbooks free (全学童が教科書を無料でもらえる法律)

273 pledge
[plédʒ]

名 誓約, 公約；しるし (= token), 保証

a *pledge* of confidentiality
(機密保持の誓約)

文系共通語彙

the value of election *pledges*
（選挙公約の価値）

他 を(人に)誓約[保証]する，(人)に誓約[保証]させる

He *pledged* us his support [loyalty].
= He *pledged* his support [loyalty] to us.（彼は我々に支持[忠誠]を誓った）

274 perpetual
[pərpétʃuəl]

形 絶え間のない，ひっきりなしの；永久的な，不朽の（= eternal）

sign a *perpetual* alliance
（永久同盟に署名する）

perpetual fame（不朽の名声）

275 manipulation
[mənìpjuléɪʃən]

名 巧妙な取り扱い，操作，操縦；商 市場操作

perform financial *manipulations*
（財政のやりくりをする）

⇨ manipulate 他 (人)を巧みに扱う；(世論など)を操作する
manipulate public opinion
（世論を操作する）

276 dismantle
[dɪsmǽntl]

他 (機械など)を分解する，を取り壊す；から(…を)取り除く〈of〉；(制度など)を徐々に廃止する

The Treaty of Rome *dismantled* trade barriers in the European Community.
（ローマ条約によってヨーロッパ共同体内部の貿易障壁が取り払われた）

277 dictate
[díkteɪt]

他 を口述する；(権威をもって)を(…に)指令[命令]する〈to〉

obey what conscience *dictates*
（良心の命じるところに従う）

The Allies *dictated* the terms of the treaty to Germany.（連合国はドイツに条約の条件を押しつけた）

⇨ dictation 名 書き取り，ディクテーション；口述；命令，指図

278 vis-à-vis
[vìːzəvíː]

副 差し向かいに，相対して
前 …と向かい合って，…と相対して；…と比較して

discuss the economic problems of Japan *vis-à-vis* America
（日米間の経済問題を討議する）

279 sermon
[sə́ːmən]

名 (教会の) 説教；お説教，小言

a seventeenth-century collection of *sermons*（17 世紀の説教集）

280 novice
[nάvɪs]

名 初心者，初学者（= beginner）；見習い僧 [尼]，新信者

a *novice* teacher（新米教師）
The new foreign minister is still a relative *novice* in diplomacy.
（新任の外務大臣は外交にはまだ比較的経験が浅い）

281 demise
[dɪmáɪz]

名 崩御；逝去；消滅，終焉，活動停止；[法] 財産譲渡の原因となる死

political *demise*（政治生命の終焉）

他 [法] (財産権) を賃貸する，を遺贈する

自 (財産など) 相続 [遺贈] によって移る

282 garner
[gάːnɚ]

他 (情報など) を集める，を蓄える（= gather）；を (努力して) 獲得する

garner information from several sources（数か所から情報を集める）

名 穀倉；蓄え

283 accede
[əksíːd]

自 (申し出・要求などに) 同意する，応ずる；(高い地位に) 就任する；(王位などを) 継承する；(党などに) 参加する〈to〉

accede to an office（就任する）

文系共通語彙

accede to a convention
(国際法 協定に加盟する)
⇨ accession 名 即位, 就任;（党などへの）加盟, 加入;（要求に対する）同意, 承認

284 **jeopardy**
[dʒépədi]

名 **危険**（= danger）; 法 **被告人が審理および処罰を受ける恐れのある状態**
There is a constitutional guarantee against double *jeopardy*. (一事不再理を定めた憲法上の保証がある)

285 **causality**
[kɔːzǽləti]

名 **因果関係, 因果律;原因作用, 作因**
the law of *causality* (因果律)

286 **substantively**
[sʌ́bstəntɪvli]

副 **実質的に**; 文法 **実(名)詞として**
⇨ substantive 形 実在的な;本質的な; 文法 (動詞が) 存在を示す

287 **blur**
[bláːr]

名 (a 〜で) **ぼんやり[かすんで]見えるもの;汚れ, しみ**
a *blur* on the retina (網膜のしみ)
自 **ぼやける, かすむ**
他 **をぼんやりさせる;（区別など）を曖昧（あいまい）にする**
blur important distinctions
(重要な違いをぼかす)
⇨ blurry 形 ぼやけた, 不鮮明な
(= blurred)

288 **grievance**
[gríːv(ə)ns]

名 **不平(の種), 苦情(のもと)**〈against〉
a *grievance* procedure
(苦情申し立ての方法)
nurse [harbor, cherish] a *grievance*
(不満を抱く)
⇨ grieve 自（深く）悲しむ 他 を（深く）悲しませる

289 **ordinance**
[ɔ́ːrdənəns]

名 **法令, 布告;（地方自治体の）条例, 禁止令**

290 **donate** [dóuneɪt]

The city issued an *ordinance* that ...
（市は…という条例を出した）

他 を贈与する；を寄付[寄贈]する
donate an organ for transplantation
（移植のために臓器を提供する）

自 寄付[寄贈]をする
donate regularly to charity
（定期的に慈善事業に寄付する）

⇨ donation 名 寄付（金），寄贈（品）

291 **refute** [rɪfjúːt]

他 (事)の誤りを証明する，の反証をあげる；を論駁（ろんばく）する；を否定[否

■「同意する」の使い分け

consent：提案・要請に自発的[感情的]にすっかり同意する
assent：提案・意見を理知的に判断して同意・承諾を表明する
agree：話合いや説得によって意見の相違を解決して同意に達する
accede：提案・条件などに一方が譲歩する形で同意する

■「法」の使い分け

law：（総称的に）法（律）（最も一般的な語）
statute：議会が制定し law として施行される法令
ordinance：地方自治体，特に市が定める条例
decree：国家の最高権力者などによる命令の形式による法令，政令
rule：特定の状況・ゲームで守るべき規則
regulation：（通例複数形で）特に組織体を運営するための決まり
canon：教会のおきて；一般に，倫理・社会・芸術の基準

■「論破する」の使い分け

disprove：（主張などが）間違っていることを論証する
refute：十分な調査・証拠などを駆使して反証する
confute：（人や議論が）完全に誤りであることを証明する《格式ばった語》
controvert：（議論）に反駁するために論争する《格式ばった語》
rebut：告発・批判などに反論する《格式ばった語》

認] する
refute a statement（陳述を論駁する）
refute an opponent（相手をやり込める）

292 dictum
[díktəm]

名 (公式の) 見解, 言明; 法 (判決の際の) 判事の付随的意見 (= obiter dictum); 格言, 金言
★複数形は dicta

293 rescind
[rɪsínd]

他 法 (法律・条約など) を廃止する; (行為・契約など) を無効にする; を解除する; を取り除く
rescind the ban on stem cell research（幹細胞研究を解禁する）
rescind a judgment [contract, decision]（判決 [契約, 決定] を破棄する [取り消す]）

294 dubious
[d(j)úːbiəs]

形 疑わしい; 怪しげな
The authenticity of the report is *dubious*.（その報告の真偽は疑わしい）
dubious allegiance（疑わしい忠誠）
⇨ dubiously 副 疑わしく; 疑わしげに, 怪しげに
⇨ dubiousness 名 疑わしさ; 怪しげなこと

295 foremost
[fɔ́ərmòust]

形 いちばん先の; 主流を占める, 主要な; 最重要の, 最も有名な
He's one of the world's *foremost* linguists.
（彼は世界の主要な言語学者の一人だ）
副 (比較なし) いちばん先に, 真っ先に

296 pend
[pénd]

自 未決定のままである, 係争中である
他 を未決定のままにしておく
⇨ pending 形 未決定 [係争中] で; (事が) 差し迫って　前 …の間 (= during); …まで (= until)

297 exemplary
[ɪgzémpləri]

形 **模範的な;模範となる;(罰など)見せしめの,戒めの(ための);典型的な,代表的な**

exemplary conduct(模範的な行為)

an *exemplary* punishment
(みせしめの罰)

collect *exemplary* passages
(適例となるくだりを集める)

⇨ exemplar 名 模範,手本;典型,見本,標本

298 preamble
[príːæmbl]

名 **序言;(条約などの)前文;前触れ,予兆**〈to〉

the *preamble* to the Constitution
(憲法の前文)

without *preamble*(前置き抜きで)

文系共通語彙

■「疑わしい」の使い分け

doubtful:「確かでない」の意から,しばしば否定的な含みで「疑惑のある」という意味に用いる

dubious:doubtful ほど意味が強くなく,躊躇や疑念を示唆する

questionable:疑問の余地のある;婉曲(えんきょく)には強いまたは根拠の十分な疑惑がかかる,いかがわしいの意となる

suspicious:疑いを抱かせるような,怪しい,しばしば悪いことや犯罪を暗示する

■「序文」の使い分け

introduction:書物の内容を説明する冒頭部分
preface:著者による書物のはしがき
foreword:書物の初めにある短い序文で,通例著者以外の人の書いたもの
prologue:詩・戯曲の内容を紹介する予備的な部分
preamble:法規・条約などの理由・目的などを述べた序文
exordium:講演・説教などの初めの部分《格式ばった語》

299 culminate
[kʌ́lmənèit]

自 最高潮に達して…となる；ついには…となる〈in, with〉

His election campaign *culminated* in a landslide victory.（彼の選挙戦は地滑り的な勝利に終わった）

⇨ culmination 名 (the ～ で) 最高点, 絶頂；結実, 成就〈of〉

300 pervasive
[pərvéisiv]

形 広がる, 普及する；しみ通る
(= permeative)

⇨ pervade 他 (においなどが) に広がる；(思想などが) に行き渡る

⇨ pervasively 副 普及して；浸透して

⇨ pervasiveness 名 普及

301 stark
[stάːrk]

形 (訓練・法律など) 融通のきかない, 厳しい；際立った；正真正銘の, 純然たる

a *stark* choice（厳しい選択）
a *stark* contrast（著しい対照）
stark terror（血も凍るような恐怖）

副 全然, 全く (= absolutely)

302 parity
[pǽrəti]

名 (給料・地位などの) 同等；等量；同率〈with〉；[経済] 平衡 (価格)；等価

We went on strike for *parity* with them.（我々は彼らと同じ待遇を要求してストに入った）

parity of exchange（為替相場の平価）

⇔ disparity 名 (二者間の本質的な) 不同, 不等；(極端な) 不釣り合い, 不均衡

303 mourn
[mɔ́ːrn]

自 (死者・死・損失・不幸に対して) 嘆く, 悲しむ, 弔う (= grieve)；喪に服する

The people *mourned* for [over] their slain leader.（国民は殺害された指導者を悼(いた)んだ）

他 (死・損失・不幸)を嘆き悲しむ；(人)の死を嘆く[悲しむ]

⇨ mourning 名 (特に死に対する)悲嘆, 哀悼；服喪；喪服, 喪章

⇨ mournful 形 悲しみに沈んだ, 悲しげな (= sorrowful)；悲しみを誘う

304 **levy**
[lévi]

他 (税金など)を徴収する, を取り立てる, (…に)を課する〈on〉

A 5% consumption tax is *levied* on almost all goods in Japan.
(日本ではほとんどすべての商品に5%の消費税が課されている)

自 法 (財産を)差し押さえる〈on〉

名 (税金などの)徴収, 賦課(ふか)；徴収額, 賦課金, 税

a *levy* in kind (物品徴税)
impose a *levy* on ... (…に課税する)

305 **contravene**
[kɑ̀ntrəvíːn]

他 (慣習・法律など)に違反[違背, 抵触]する, を犯す

The bill *contravenes* international human rights standards. (その法案は国際的な人権基準に反している)

⇨ contravention 名 違反, 違背

306 **punitive**
[pjúːnətɪv]

形 罰の, 刑罰の, 処分の；応報の

punitive justice (因果応報)
The UN sees this as a *punitive* action.
(国連はこれを懲罰措置と見ている)

307 **derogation**
[dèrəgéɪʃən]

名 (価値・権威などの)減損, 低下, 下落, 失墜；(標準などからの)逸脱, 堕落；非難, 軽蔑

⇨ derogate 自 (名誉・価値などを)減ずる, 損なう；(標準などから)逸脱する〈from〉 他 をけなす

文系共通語彙

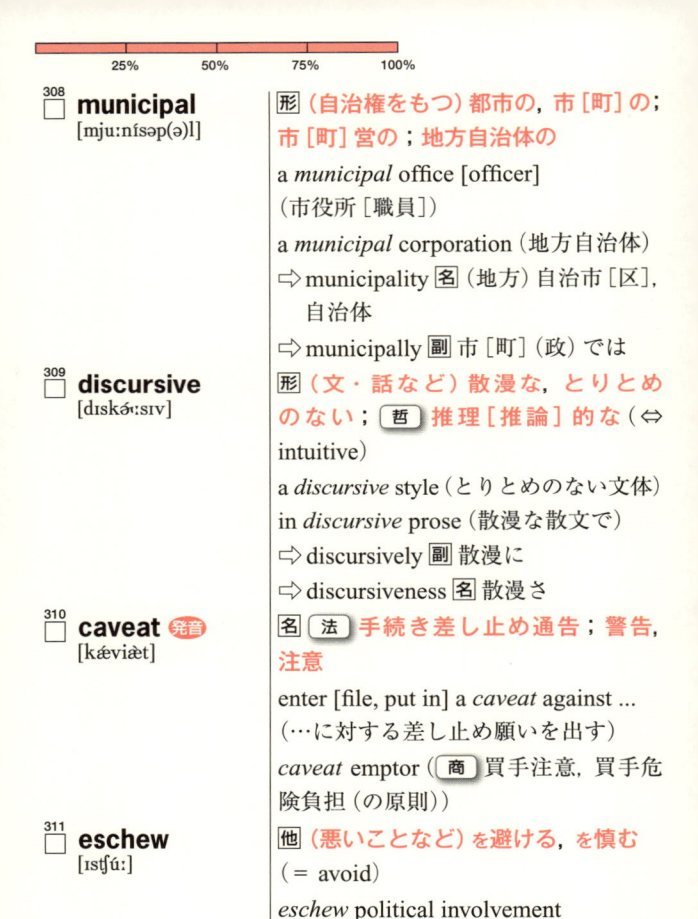

308 municipal
[mjuːnísəp(ə)l]

形 **(自治権をもつ) 都市の, 市 [町] の; 市 [町] 営の; 地方自治体の**

a *municipal* office [officer]
(市役所 [職員])

a *municipal* corporation (地方自治体)

⇨ municipality 名 (地方) 自治市 [区], 自治体

⇨ municipally 副 市 [町] (政) では

309 discursive
[dɪskə́ːsɪv]

形 **(文・話など) 散漫な, とりとめのない; 哲 推理 [推論] 的な** (⇔ intuitive)

a *discursive* style (とりとめのない文体)

in *discursive* prose (散漫な散文で)

⇨ discursively 副 散漫に

⇨ discursiveness 名 散漫さ

310 caveat 発音
[kǽviæt]

名 **法 手続き差し止め通告; 警告, 注意**

enter [file, put in] a *caveat* against ...
(…に対する差し止め願いを出す)

caveat emptor (商 買手注意, 買手危険負担 (の原則))

311 eschew
[ɪstʃúː]

他 **(悪いことなど) を避ける, を慎む**
(= avoid)

eschew political involvement
(政治に関わらないようにする)

理系共通語彙

001 **protein** ア
[próuti:n]

名 [生化] タンパク質
animal *protein*（動物性タンパク質）
protein synthesis（タンパク質合成）

002 **telomere**
[téləmìɚ]

名 [生物]（染色体の腕の末端にある）末端小粒, テロメア
Each time a cell divides, some of the *telomere* is lost.（細胞分裂が起こるたびにテロメアの一部が失われる）

003 **antibody** ア
[ǽntɪbɑ̀di]

名 [生物] 抗体
（= immune body）
develop *antibodies*
（（体内に）抗体ができる）
★antigen（抗原）

004 **strain**
[stréɪn]

名（生物の）変種；[生物] 株；菌株；[医] 筋違い, 捻挫；損傷；[物理] ひずみ, 変形, 応力変形
a *strain* of bacteria resistant to antibiotics（抗生物質に耐性のあるバクテリアの変種）

005 **assay** ア
名 [ǽseɪ]
動 [æséɪ]

名 [化] 試金；検定, 評価分析；[薬] 分析；（分析）検定
make an *assay* of an alloy [ore]
（合金 [鉱石] を（試金）分析する）
the *assay* of a drug（薬の検定）
他 [化]（鉱石）を試金する；[薬]（薬物）を分析する；[医]（薬物など）を動物実験 [定量, 力価検定, 効力検定, アッセイ] する
自 分析の結果（…の）含有を示す〈in〉
This ore *assays* high in gold.
（この鉱石は金含有率が高い）

006 **mutation**
[mju:téɪʃən]

名 [生物] 変異, 突然変異；突然変異体
（= mutant）；声変わり
a gene *mutation*（遺伝子の突然変異）

⇨ mutate 自他 (を) 突然変異する [させる]〈into〉

007 receptor
[rɪséptɚ]

名 [生理] 受容器, 感覚器官; [生化] 受容体, レセプター

a neurotransmitter *receptor*
(神経伝達物質受容体)

008 component
[kəmpóʊnənt]

名 成分, 構成要素; [数] 成分; [電子] 素子

analyze the biochemical *components* of an enzyme（酵素の生化学的な構成要素[成分]を分析する）

009 membrane アク
[mémbreɪn]

名 [解剖] 膜, 薄膜, 皮膜; [生物] 膜, 細胞膜

the mucous *membrane*（粘膜）

010 substrate アク
[sʌ́bstreɪt]

名 [生化] 基質; [生物] (細菌の) 培養基; [電子] 基板

The enzyme has a high [low] affinity for the *substrate*.（この酵素のこの基質に対する親和力は高い[低い]）

011 chromosome
[króʊməsòʊm] 発音

名 [生物] 染色体

a sex *chromosome*（性染色体）

012 cancer
[kǽnsɚ]

名 [生物] がん; [天文] (C- で) かに座

cancer of the stomach
= stomach *cancer*（胃がん）
remove a *cancer*
(《英》がん(細胞)を除去する)

013 concentration
[kɑ̀ns(ə)ntréɪʃən]

名 [化] 濃縮 (したもの); [鉱物] 選鉱, 濃化; (液体の) 濃度

measure a chemical *concentration*
(化学薬品の濃度を測定する)
⇨ concentrate 他 (液体)を濃縮する

014 constant
[kɑ́nstənt]

形 [数] 定数である

(a) Riemann space of *constant*

理系共通語彙

201

curvature（定曲率リーマン空間）

名 **数** **物理** **定数, 定量**；**生態** **恒存種**

In a two-body problem, the orbital angular momentum is a *constant* of motion.（二体問題では，軌道角運動量は運動の定数になる）

the circular *constant*（円周率）

★variable（変数）

015 **dose**
[dóʊs]

名 **医** **(薬の) 一服，(1回分の) 投与量**；**物理** **線量**

take a lethal [fatal] *dose* of ...
（…を致死量摂取する）

他 **(人) に投薬する，(人) に (薬を) 服用させる**

The doctor *dosed* the girl with antibiotics.
（医者は少女に抗生物質を服用させた）

016 **neuron**
[n(j)ʊ́(ə)rɑn]

名 **生物** **ニューロン；(神経全突起を含めて) 神経細胞**

His research has confirmed the importance of a rich blood supply for the survival of transplanted *neurons*.
（移植された神経細胞の生存には大量の血液供給が大切であることを彼の研究は確認した）

017 **tissue**
[tíʃuː]

名 **生物** **組織**

muscular [nervous] *tissue*
（筋肉 [神経] 組織）

a *tissue* culture test（組織培養テスト）

018 **plasma**
[plǽzmə]

名 **生理** **血漿 (けっしょう)**；**生物** **原形質**；**物理** **プラズマ**

The *plasma* cells fused with tumor cells.
（原形質細胞が腫瘍細胞と溶解した）

gaseous *plasma*（気体プラズマ）

019 linear
[líniɚ]

形 線の, 直線の；数 一次の；線形の；生物 糸状の

a *linear* equation（一次方程式）

linear algebra（線形代数（学））

020 purify
[pjú(ə)rəfàɪ]

他 を浄化する, を清潔にする；を精錬する, を精製する

purify metals（金属を精錬する）

021 shear
[ʃíɚ]

名 剪断（せんだん）；剪断機；ずれ；ずり

自 剪断される〈off〉

他 を剪断する〈off〉

022 interval
[ínṭɚv(ə)l]

名 間隔；差, 隔たり；数 区間

at regular *intervals*（一定の間隔で）

interval of convergence
（数 収束区間）

023 atom
[ǽṭəm]

名 化 原子；数 原子元

★molecule（分子）

An *atom* is the smallest component of an element.
（原子は元素の最小の単位である）

024 transcription
[trænskrípʃən]

名 転記；生物 （遺伝情報の）転写

reverse *transcription*（逆転写）

⇨ transcribe 他 生物 を転写する

025 amino ア ク
[əmíːnoʊ]

形 化 アミノ基を有する

an *amino* acid（アミノ酸）

名 化 アミノ（基）

接頭 化 「アミノ」の意の連結形

★母音の前では通例 amin- になる

*amino*transferase（生化 アミノ基転移酵素, アミノトランスフェラーゼ）

*amin*ase（生化 アミナーゼ）

026 magnetic
[mægnéṭɪk]

形 磁気の；磁気を帯びた

magnetic force（磁力）

a *magnetic* body [substance]（磁性体）

名 磁性物質

理系共通語彙

027 plasmid
[plǽzmɪd]

名 [生物] プラスミド
plasmid integration
(プラスミド組み込み)
a drug-resistance *plasmid*
(薬剤耐性プラスミド)

028 pulse
[pʌ́ls]

名 (通例単数形で) 脈拍 (数); (光線・音響などの) 波動, 振動; [電気] パルス
a weak [an irregular] *pulse*
(弱い脈 [不整脈])
Pulses of sound were sent through a wall of concrete.
(音の振動がコンクリートの壁を通り抜けて伝わってきた)
自 (…で) 脈打つ, 鼓動する〈with〉; [電気] パルスを流す
His legs were *pulsing* with pain.
(彼の足はずきずき痛んだ)

029 genome 発音
[dʒíːnoʊm]

名 [生物] ゲノム
the human *genome* (ヒトゲノム)

030 pathway
[pǽθwèɪ]

名 小道, 細道; [生理] 神経経路; [生化] (生合成・代謝などの) 経路
the nerve *pathways* (神経経路)

031 blot
[blɑ́t]

名 [生化] ブロット
Northern [Southern, Western] *blot*
(ノーザン [サザン, ウェスタン] ブロット) ★RNA [DNA, タンパク質] を固定したニトロセルロースシート
⇨ blotting 名 ブロット法
Northern [Southern, Western] *blotting* (ノーザン [サザン, ウェスタン] ブロット法)

032 plot
[plɑ́t]

名 策略, 計画, 構想; [物理] (観測値などを点で示した) 図, グラフ, プロット
frame [hatch, lay] a *plot* (against ...)

((…に対して)陰謀をたくらむ)

|他| を計画する，を構想する；|物理|(グラフ上の点として)を示す，をプロットする

plot A as a function of B
(A を B の関数として図示する)

plot A against B
(A を B に対して図示する)

033 solvent 発音
[sálv(ə)nt]

|名| 溶剤，溶媒〈for, of〉

Alcohol is a *solvent* for [of] resinous substances.（アルコールは樹脂性物質の溶剤である）

|形| 溶解力がある，溶かす

solvent fluids（溶液）

034 input アク
[ínpùt]

|名| 投入(されるもの)；|情報| 入力，インプット，入力操作〈to〉(⇔ output)

an *input* unit
((電算機などの)入力装置)

|他| (情報)をコンピューターに入力[インプット]する

input data [a program] into [to] a computer（データ[プログラム]をコンピューターに入力する）

|自| 入力[インプット]する

035 deformation
[dìːfɔərméɪʃən]

|名| 形のくずれ；変形，ひずみ

It can be concluded that incomplete development led to the *deformation* of the fish's spine.
(この魚は背骨の発育が不完全でそれで奇形になったと思われる)

⇨ deform |他||自| (を)変形させる[する]

036 ligand
[lígənd]

|名| |化| 配位子，リガンド

The *ligands* coordinate to the central metal.（配位子は中心金属に配位して

いる)

037 lipid
[lípɪd]

名 [生化] 脂質, リピド
Several puzzles about *lipids* in the plasma membrane are still unsolved.
(原形質膜の脂質をめぐるいくつかのなぞはいまだに解明されていない)

038 gradient
[gréɪdiənt]

名 (道路・鉄道などの)勾配(こうばい), 傾斜度；[数] ベクトルのグラディエント
the angle of the *gradient*(傾斜の角度)
road with a *gradient* of 1 in 10
(10分の1［10%］の勾配の道)
The force is the negative *gradient* of the potential.(力はポテンシャルの勾配に負号をつけたものである)

039 crystal
[krístl]

名 結晶(体)；[電子] (検波用)鉱石；鉱石検波器
snow *crystals*(雪の結晶)
liquid *crystal*(液晶)
piezoelectric *crystal*(圧電性結晶)
形 水晶製の；結晶の
⇨ crystallize 自 他 (を)結晶する［させる］

040 mortality
[mɔːrtǽləti]

名 死ぬべき運命；(死すべき)人間たち；(戦争・病気による)大量死；死亡数, 死亡率
Birth and *mortality* rates are indicated in the accompanying diagram.
(出生率および死亡率は付記した図表に示されている)
⇨ mortal 形 死ぬべき運命の；人間の

041 stimulate
[stímjʊlèɪt]

他 を刺激する；(器官など)を興奮させる

stimulate the circulation of blood
(血液の循環を促進させる)
⇨ stimulation 名 刺激；興奮
　elicit a response by *stimulation*
　(刺激を与えて反応を引きだす)

042 laser
[léɪzɚ]

名 レーザー

★ *l*ight *a*mplification by *s*timulated *e*mission of *r*adiation (誘導放出による光の増幅) の略

a *laser* beam (レーザー光(線))

043 encode
[ɪnkóʊd]

他 (電子メールなど)を暗号化する；情報 (データ)を符号化する
(⇔ decode)；生物 (遺伝子が)(タンパク質など)をコードする

The horizontal tab character is *encoded* in ASCII as decimal 9.
(水平タブ文字は，ASCII では十進数の9として符号化される)

Genes are packed with *encoded* data.
(遺伝子には暗号化された情報が満載されている)

044 fusion
[fjúːʒən]

名 溶解；融解；原子核の結合[融合]
(⇔ fission)

the *fusion of* metals (金属の溶解)
nuclear *fusion* (核融合)
⇨ fuse 他 自 (を)溶解させる[する]；(を)融解させる[する]；(を)融合させる[する]

045 conserve
[kənsə́ːv]

他 (自然・環境など)を保護する；(資源・エネルギーなど)を大切に使う

conserve the environment
(環境を保全する)
⇨ conservation 名 (自然・環境などの)保護，保全；節約

理系共通語彙

the law of *conservation* of energy
(エネルギー保存の法則)

046 module アク
[mádʒu:l]

名 モジュール；数 加群
a memory *module*（記憶装置）
a lunar *module*（月着陸船）
⇨ modular 形 基準寸法[モジュール]の[による]

047 node
[nóʊd]

名 結び(目)；医 結節；情報 ノード；天文 交点；数 結節点；物理 波節

048 localization
[lòʊkəlɪzéɪʃən]

名 局在化, 局在性；情報 局所化
⇨ localize 他（病気など）を一地方[局所]に制限する
localize infection
(伝染を局地的に食い止める)

049 fluorescence
[flɔːrés(ə)ns] 発音

名 蛍光発光；蛍光
fluorescence X-ray analysis
(蛍光X線分析)
⇨ fluorescent 形 蛍光性の；蛍光を放つ

050 thermal
[θə́ːm(ə)l]

形 熱の, 熱による；熱的な
a *thermal* unit（熱(量)単位）
thermal capacity（熱容量）
thermal equilibrium（物理 熱平衡）

051 motif
[moʊtíːf]

名（芸術の）主題, テーマ；意匠, デザイン；生化 モチーフ
The cloud is a favorite *motif* in Chinese rugs.（雲は中国の敷物[緞通]によく見られる意匠だ）

052 incubation
[ìŋkjʊbéɪʃən]

名 抱卵, 孵化(ふか)；医 生物（細菌の）培養；医 潜伏；潜伏期
The disease has a long *incubation* period.（その病は潜伏期間が長い）
artificial *incubation*（人工孵化）
⇨ incubate 他（卵）を抱く, をかえす；

医 生物 (細菌) を培養する；医 (病原菌) を体内に潜伏させる

自 (鳥が) 卵を抱く, (卵が) 抱かれてかえる；医 生物 (細菌が) 培養される；医 (病原菌が) 潜伏する

053 **primer** 発音
[prímɚ]

名 生化 プライマー, 先導体；下塗り剤；雷管；導火線

corrosion-resistant *primer*
(腐食防止のプライマー)

054 **clone**
[klóʊn]

名 生物 クローン, 分枝系(★単一個体[細胞]から無性生殖によって生じた遺伝的に同一な個体[細胞]群)；情報 (他メーカーの機種に対する) 互換機, クローン
他 のクローンをつくる

★cloning (クローン技術)

055 **phenotype**
[fíːnətàɪp]

名 生物 表現型

★genotype (遺伝子型)

056 **clinical**
[klínɪk(ə)l]

形 臨床の；病床の；医 臨床検査で観察[診断]できる

clinical practice
(臨床実習, 診療, 臨床行為)
a *clinical* diary (病床日誌)
a *clinical* picture (臨床像, 病像)

057 **bacterial**
[bæktí(ə)riəl]

形 バクテリア[細菌]の[から成る, による]

a *bacterial* infection (細菌による感染)
cellular response to *bacterial* invasion
(バクテリアの侵入に対する細胞の反応)

⇨ bacteria 名 バクテリア, 細菌

058 **fiber**
[fáɪbɚ]

名 (有機体の一本一本の) 繊維；数 ファイバー

nerve [muscle] *fiber*(*s*)

理系共通語彙

(神経[筋肉]繊維)
optical-*fiber* [*fiber*-optic] cable
(光ファイバーケーブル)

059 flux
[flʌ́ks]

名 流動, 流転；[物理] フラックス, 束；[化] 融剤, 溶剤

All things are in a state of *flux*.
(万物は流転する)
neutron *flux*（中性子束）
The divergence of the magnetic *flux* density is zero everywhere.
(磁束密度の発散はどこでも 0 である)

060 magnitude
[mǽgnət(j)ùːd]

名 大きさ, 量；[地] マグニチュード, 規模等級；[天文] 等級

measure the *magnitude* of a disaster
(災害の大きさを計る)
an earthquake of *magnitude* 8.6
(マグニチュード 8.6 の地震)
a star of the first [second, third, ...] *magnitude*（一[二, 三…]等星）

061 diameter アク
[daɪǽməṭɚ]

名 直径；[光] (拡大単位の) …倍, 倍率
★radius（半径）
3 inches in *diameter*（直径が 3 インチ）
a microscope magnifying 400 *diameters*（倍率 400 倍の顕微鏡）

062 proton
[próʊtɑn]

名 陽子, プロトン
an isotope with 6 *protons* and 8 neutrons（6 個の陽子と 8 個の中性子からなる同位体）
★electron（電子）/ neutron（中性子）

063 degradation
[dègrədéɪʃən]

名 劣化；機能低下；[化] 分解, 変質；減成

chemical *degradation*
(化学作用による減成)
biological *degradation*

（生物による(有機物の)分解）
⇨ degrade 他 (環境・質など)を悪化[劣化]させる；(物質)を分解する

064 affinity
[əfínəti]

名 親近感, 共感；[化] 親和力, 親和性
Oxygen has a strong *affinity* for hydrogen.（酸素は水素に対して強い親和力がある）

065 specimen 発音
[spésəmən]

名 標本, 試料, 検査材料
a museum *specimen*（陳列用標本）
preserve a *specimen* in spirits（標本をアルコール漬けにして保存する）

066 intake アク
[íntèɪk]

名 摂取(量), 吸い込み(量)
redress a deficiency in caloric *intake*（カロリーの摂取不足を補正する）

067 injection
[ɪndʒékʃən]

名 注射, 注入；[数] 単射；[機械] (燃料・空気などの) 噴射
a hypodermic [subcutaneous] *injection*（皮下注射）
fuel *injection*（燃料噴射）
⇨ inject 他 を注射[注入]する

068 metric
[métrɪk]

形 メートルの, メートル法の
（= metrical）；[数] 距離の
the *metric* system of measurement（メートル法）
名 [数] 計量, 距離
⇨ meter 名 メートル

069 uptake
[ʌ́ptèɪk]

名 [生物] (生体への) 摂取, 吸収〈of〉
the *uptake* of water by the roots of the plant（植物の根による水の吸収(量)）

070 displacement
[dɪspléɪsmənt]

名 転置, 置換；(船舶の)排水量, (エンジンの)排気量；[物理] 変位；[化] 置換
In a longitudinal wave, the *displacement* of the medium is parallel

理系共通語彙

to the propagation of the wave.
(縦波では媒質の粒子は波の進行と平行な方向に振動する)

underwater *displacement*
(水中の排水量)

⇨ displace 他 を置き換える

071 catalytic
[kæ̀təlítɪk]

形 触媒作用の, 接触反応の

Chlorine released from CFCs destroys ozone in *catalytic* reactions.
(フロンから遊離した塩素が触媒反応によってオゾンを破壊する)

⇨ catalyst 名 化 触媒

072 interface
[íntəːfèɪs]

名 (二者間の)境界面, 接点〈between〉；情報 インターフェイス

the *interface* between the scientist and society (科学者と社会の接点)

a user *interface* (情報 ユーザーインターフェース) ★使用者が直接接する部分

at the *interface* between two liquids
(2つの液体の界面で)

自 他 情報 (を)インターフェイスで連結 [接続] する〈with〉

073 vein
[véɪn]

名 静脈 (⇔ artery)；岩脈, 鉱脈
(= seam)

a cerebral *vein* (大脳静脈)

a (rich) *vein* of gold ((豊かな) 金脈)

074 accumulation
[əkjùːmjʊléɪʃən]

名 蓄積, 蓄積物

the *accumulation* of scientific knowledge (科学知識の蓄積)

the *accumulation* point
(数 (集合の) 集積点)

⇨ accumulate 他 を蓄積する 自 たまる, 蓄積する

075 manifold
[mǽnəfòuld]

形 **多数の, 多くの；多方面にわたる**
manifold functions（各種の機能）
名 [機械]**（内燃機関の吸排気をする）マニホールド, 多岐管**；[数] **多様体**
embed a curve in a *manifold*
（曲線を多様体に埋め込む）

076 axis
[æksɪs]

名 **軸, 軸線**；[天文] **地軸**
★複数形は axes
a horizontal *axis* = an x-*axis*（x軸）
a vertical *axis* = a y-*axis*（y軸）
The earth turns on its *axis*.
（地球は地軸を中心に回転[自転]する）

077 mitochondrial
[màɪtəkɑ́ndriəl]

形 [生物]**ミトコンドリアの**
mitochondrial inheritance
（ミトコンドリア遺伝）
⇨ mitochondrion 名 [生物]（細胞内の）糸粒体, ミトコンドリア
　★複数形が mitochondria

078 conjugate 発音
形名 [kɑ́ndʒʊɡət]
動 [kɑ́ndʒʊɡèɪt]

形 [生物]**接合の**；[植物]**（葉が）対の**；
[数][化]**共役の**
名 [数] **共役**
take the complex *conjugate* of the
equation（方程式の複素共役をとる）
自 [生物]**（単細胞生物などが）接合する**

079 detection
[dɪtékʃən]

名 **検出；探知；検波**
At low levels these chemicals defy
detection.（低レベルではこれらの化学薬品は検出できない）
⇨ detect 他 を検出する；を検波する

080 spore
[spɔ́ɚ]

名 [生物]**芽胞, 胞子；胚種, 種子, 因子**；
（合成語で）**…な性質[起源]をもつ胞子**
Ferns reproduce by *spores*.
（シダは胞子によって繁殖する）
pycnidio*spore*（粉（ふん）胞子）

理系共通語彙

081 spindle
[spíndl]

名 軸, 心棒；**生物** 紡錘体

alive [dead] *spindle*（回る [回らない] 軸, 動 [固定] 軸）

082 disorder
[dìsɔ́ədəɹ]

名 無秩序；混乱；乱雑；**医**（心身機能の）不調, 障害

be in *disorder*（乱れる, 乱れている）
a functional *disorder*（機能障害）

083 geometric
[dʒìːəmétrɪk]

形 幾何学（上）の（★比較変化なし）；幾何学的図形の（ような）；幾何級数的に増加する

a *geometric* proof（幾何の証明）
a *geometric* design [pattern]（幾何学模様）
a *geometric* mean（相乗 [幾何] 平均）
a *geometric* series（等比級数）
⇨ geometry **名** 幾何学

084 chip
[tʃíp]

名（木や石の）切れはし；**電子** チップ；マイクロチップ（= microchip）

a semiconductor *chip*（半導体チップ）

085 moisture
[mɔ́istʃəɹ]

名 湿気, 水分,（空気中の）水蒸気

air containing a lot of *moisture*（湿気の多い空気）

086 bead
[bíːd]

名 数珠（じゅず）玉；**化**（定性分析の）溶球, ビード

自 玉になる；照準する

087 chronic
[krɑ́nɪk]

形（病気が）慢性の（⇔ acute）；（人が）持病もちの

a *chronic* disease（慢性病）
a *chronic* diabetic（慢性の糖尿患者）

名 慢性病患者, 持病もち

⇨ chronically **副** 慢性的に, 長引いて（= persistently）
⇨ chronicity **名**（病気などの）慢性

088 aromatic アク
[ærəmǽtɪk]

形 芳香のある；[化] 芳香族の，芳香性の

an *aromatic* oil（芳香油）
aromatic bitters
（芳香性ビターズ（芳香油を含む））
introduce a nucleophilic group into an *aromatic* ring through substitution
（芳香環に求核基を置換によって導入する）

名 [化] 芳香族化合物（= aromatic compound）

⇨ aroma 名 芳香

089 inversion
[ɪnvə́ːʒən]

名 逆，倒置；反転；[生化] 転化；[生物] 逆位

the center of *inversion*
（[数] 反転の中心）
inversion of configuration
（立体配置の反転）

⇨ invert 他 を逆にする，を反対にする

090 organic
[ɔəɡǽnɪk]

形 有機体[物]の；[化] 有機の（⇔ inorganic）；器官の，臓器の；[医] 器質性の（⇔ functional）

organic evolution（生物進化）
organic fertilizer（有機肥料）
an *organic* disease（器質性疾患）

理系共通語彙

■「慢性の」の使い分け

chronic：（病気が）長期間続く
inveterate：長期間放置したために通例悪い習慣として根付いてしまった
confirmed：特定の習慣・状態に凝り固まった
hardened：ある習慣に頑固に凝り固まった
deep-rooted, deep-seated：（思想・信念・感情などが）しっかりと根を下ろして抜きがたくなっている

⇨ organ 名 器官, 臓器
⇨ organism 名 有機体, (微)生物

091 nucleus
[n(j)úːkliəs]

名 (ものの)核, 心(しん); 生物 細胞核; 物理 原子核; 情報 (OSの)中核部
form a *nucleus*（核心［土台］になる）
a yolk *nucleus*（卵黄核）
a *nucleus* in the ground state
（基底状態にある原子核）

092 mammalian
[məméiliən]

形 哺乳動物［哺乳類］の
Bacterial and *mammalian* DNA are structurally compatible.
（バクテリアと哺乳類のDNAは構造的に適合性がある）
⇨ mammal 名 哺乳動物, 哺乳類

093 intracellular
[ìntrəséljulɚ]

形 細胞内の［での］
intracellular digestion（細胞内消化）
intracellular symbiosis（細胞内共生）
★intercellular（細胞間の［にある］）

094 vertex
[vɚːteks]

名 最高点, 頂上; 数 頂点; 天文 天頂
★複数形は vertexes / vertices
The parabola is *vertex* down.
（その放物線は下に凸である）
the *vertex* of an angle（角の頂点）

095 ether 発音
[íːθɚ]

名 化 物理 エーテル
⇨ ethereal 形 化 物理 エーテルの; エーテル性の

096 fibroblast
[fáɪbroublæst]

名 解剖 繊維芽細胞, フィブロブラスト
fibroblast growth factor
（繊維芽細胞増殖因子）

097 convection
[kənvékʃən]

名 伝達, 運搬; (熱・大気の)対流
convection cell（気象 対流セル）
convection current（電気 対流電流）

098 radiation
[rèɪdiéɪʃən]

名 放射, 輻射；放射線；発光, 放熱
radiation therapy（放射線療法）
direct [indirect] *radiation*
（直接[間接]放熱）
⇨ radiate 他自 （光・熱など）（を）放射する

099 convex アク
形 [kànvéks]
名 [kánvèks]

形 凸（とつ）状[面]の（⇔ concave）
The graph is *convex* upward on the given interval.（そのグラフは与えられた空間で上に凸である）
a *convex* lens [mirror]
（凸レンズ[凸面鏡]）
名 凸面レンズ

100 intestinal
[ɪntéstən(ə)l]

形 腸の
an *intestinal* disorder
（腸の障害[疾患]）
undergo *intestinal* bypass surgery
（腸のバイパス手術を受ける）
⇨ intestine 名 腸

101 microscopy
[maɪkráskəpi]

名 顕微鏡使用（法）；顕微鏡検査（法）
⇨ microscope 名 顕微鏡

102 baseline
[béɪslàɪn]

名 基線；基礎, 起点；基準, 指針
The patient's average recorded pulse was well above a *baseline* reading.
（その患者の記録された平均脈拍数は基線の示数よりずっと上だった）

103 discharge アク
動 [dɪstʃáɚdʒ]
名 [dístʃaɚdʒ]

他 （電気）を放つ；を排出する
discharge electricity（放電する）
discharge smoke（煙を出す）
自 放電する
名 放出, 流出；電気 放電
complete [partial, deep] *discharge*
（完全な[部分的な, 深い]放電）

理系共通語彙

104 myocardial
[màɪoʊkáɚdiəl]

形 心筋の

(acute) *myocardial* infarction
((急性)心筋梗塞)

⇨ myocardium **名** 心筋(層)

105 decomposition
[dìːkɑ̀mpəzíʃən]

名 分解;解体;腐敗, 変質

Ammonia releases nitrogen and hydrogen by *decomposition*.
(アンモニアは分解するとチッ素と水素を放出する)

⇨ decompose **他**|**自** (を)分解する;(を)腐敗させる[する]

106 lateral
[lǽṭərəl]

形 側面の;(花・芽が)側生の;側音の

a *lateral* bud [branch, root]
(側生芽[枝, 根])

the *lateral* canal (側設運河;用水支線)

apply *lateral* pressure on ...
(…に側圧をかける)

名 側生芽[枝]

107 integer
[íntɪdʒɚ]

名 完全体, 完全なもの;**数** 整数

The Fermat equation has no nonzero *integer* solutions for x, y, z when n > 2.
(フェルマー方程式では, n > 2 では x, y, z に対する 0 ではない整数解をもたない)

⇨ integral **数**|**形** 整数の **名** 積分
an *integral* equation (積分方程式)
differential and *integral* calculus
(微分積分学)

108 metabolism
[mətǽbəlìzm]

名 代謝(作用), 物質交代, 新陳代謝

glucose *metabolism* (グルコース代謝)
bone *metabolism* (骨代謝)
aerobic and anaerobic *metabolism*
(好気性および嫌気性代謝)

⇨ metabolic **形** 代謝の

metabolic pathways（代謝経路）
metabolic syndrome
（医 代謝（異常）症候群, メタボリックシンドローム）

109 infect
[ɪnfékt]

他 に病気をうつす, に感染させる〈with〉
infect a person with flu
（人にインフルエンザをうつす）
自 感染する, 病毒に冒される
⇨ infection 名（空気）感染
　★contagion（（接触）感染）

110 genotype
[dʒí:nətàɪp]

名 遺伝子型, 因子型
★phenotype（表現型）

111 precursor
[prɪkə́ːsər]

名 前兆; 生化 前駆体, 前[先]駆物質
That's thought to be a *precursor* of an earthquake.
（それは地震の前兆と思われる）
the *precursors* of blood cells
（血球の先駆物質）

理系共通語彙

112 saturate
[sǽtʃərèɪt]

他 に（…を）深くしみ込ませる〈with〉; 化 を飽和させる
⇨ saturated 形 飽和状態になった
　saturated solution（飽和溶液）
　saturated fats（飽和脂肪）
　the *saturated* vapor pressure
　（飽和蒸気圧）
⇨ saturation 名 しみ込ませること; 化 飽和; 光 彩度
　Color has three aspects: hue, brightness, and *saturation*.（色には色相, 明度, 彩度の三要素がある）
　the *saturation* point of liquid
　（液体の飽和点）

113 hydrophobic
[hàɪdrəfóʊbɪk]

形 化 疎水性の；恐水 [狂犬] 病の [にかかった]

a *hydrophobic* group（疎水基）
⇔ hydrophilic 形 化 親水性の
★ lyophobic（化 疎液性の）
⇨ hydrophobia 名 医 恐水病, 狂犬病（= rabies）

114 depletion
[dɪplíːʃən]

名 枯渇；減損, 消耗；電子 空乏

The *depletion* of Antarctic whales has led to an increase in the shrimp population.（南極海のクジラが減ったことはエビの数の増加を招いている）
ozone (layer) *depletion*（オゾン層破壊）
⇨ deplete 他 （通例受身で）を枯渇させる

115 transplantation
[trænsplæntéɪʃən]

名 医 移植（法）；（植物などの）移植

living donor liver *transplantation*（生体肝移植）
⇨ transplant 他 を移植する

116 cavity
[kǽvəti]

名 空洞；解剖 腔（くう）(こう), 窩（か）

the mouth [oral] *cavity*（口腔）

117 irradiation
[ɪrèɪdiéɪʃən]

名 照射, 放射；光 光滲（じん）

food *irradiation*（食品放射線処理）

118 vascular
[væskjʊlə]

形 導管 [脈管, 血管] の

the *vascular* system（脈管系, 血管系, リンパ管系）

119 diabetes
[dàɪəbíːtiːz]

名 糖尿病

a genetic predisposition to *diabetes*（糖尿病になりやすい遺伝的体質）
⇨ diabetic 形 糖尿病の 名 糖尿病患者

120 syndrome
[síndroʊm]

名 症候群, シンドローム

adaptation *syndrome*（適応症候群）

121 duplication
[d(j)ùːplɪkéɪʃən]

名 複製, 複写；二重, 重複

duplication of the cube

(数 立方体倍積問題)
⇨ duplicate 他 を複製［複写］する；再現する　形 二重の, 重複の
duplicate the same conditions in a laboratory
（実験室で同じ状態を再現する）

122 capillary
[kǽpəlèri]

形 毛状の；毛管（現象）の
capillary action（毛管作用［現象］）
a *capillary* vessel（毛細血管）
名 生物 毛細血管

123 radial
[réɪdiəl]

形 放射状の；物理 動径方向の；数 半径の
radial symmetry
（生物（くらげなどの）放射相称）
a Doppler shift produced by the star's *radial* velocity（星の動径方向の速度によって生じるドップラー偏移）
a *radial* engine
（機械 星型エンジン［機関］）

124 basal
[béɪs(ə)l]

形 基底の, 基部の；基礎的な
the *basal* line（基線）
basal anesthesia [narcosis]（基礎麻酔）
basal metabolism（基礎代謝）
⇨ base 名 基底, 基部；基礎

125 progression
[prəgréʃən]

名 数 数列；光 プログレッション, 帯列
an arithmetic(al) [a geometric(al)] *progression*
（算術［幾何］数列, 等差［等比］数列）

126 wavelength
[wéɪvlèŋ(k)θ]

名 波長；（ラジオの）周波数
measure the *wavelengths* of light emitted by the sun（太陽によって放出される光の波長を測定する）

理系共通語彙

127 experimentally
[ɪkspèrəméntəli]

副 実験によって；試験的に

⇨ experimental 形 実験の；実験的な，試験的な

an *experimental* apparatus (setup)（実験装置）

experimental results（実験結果）

⇨ experiment 名 実験，試験

128 homeostasis
[hòumioustéisɪs]

名 ホメオスタシス，恒常性

homeostasis system
（ホメオスタシスシステム）

129 inset アク
名 [ínsèt]
動 [ìnsét]

名 挿入図[写真]；差し込み(口)；流入(する場所)，水路

It is shown in the *inset* above.
（それは上掲の挿入図に示してある）

他 (もの)に(…を)はめ込む〈with〉

130 antigen
[ǽntɪdʒən]

名 抗原

Antigens stimulate immunity.
（抗原は免疫性を刺激する）

★antibody（抗体）

131 ethanol
[éθənɔ̀:l]

名 化 エタノール，エチルアルコール

★methanol（メタノール）

132 macrophage
[mǽkrəfèɪdʒ]

名 生物 大食細胞，貪食(どんしょく)細胞，マクロファージ，(特に)組織球
(histiocyte)

133 plateau
[plætóu]

名 高原，台地；平坦部

★複数形は plateaus / plateaux

wind erosion of the *plateau*
（風による台地の浸食）

134 spectroscopy
[spektráskəpi]

名 分光学，分光法，スペクトロスコピー

⇨ spectroscope 名 光 分光器

a grating *spectroscope*
（回折格子分光器）

135 scaffold
[skǽf(ə)ld]

名 骨格, 骨組; 足場

the *scaffold* of the skull
((胎児の)頭蓋の骨組)

136 soluble
[sáljʊbl]

形 可溶性の; **数** 可解な

Salt and sugar are *soluble* in water.
(塩や砂糖は水に溶ける)

名 可溶物; 解ける[解答可能な]問題

⇨ solubility **名** 可溶性, 溶解度; 解決できること

the *solubility* of salt in water
(水に対する食塩の溶解度)

⇨ solve **他** を解く

137 polymer
[páləmɚ]

名 **化** 重合体, ポリマー; 高分子

a condensation *polymer*(縮合重合体)
(high) *polymer* chemistry
(高分子化学)

★monomer(**化** 単量体, モノマー)

⇨ polymeric **形** 重合体の, ポリマーの

138 symptom
[sím(p)təm]

名 (病気の)症状, 徴候〈of〉

have [show] all the *symptoms* of malaria(マラリアの全症状が出る)
an objective [a subjective] *symptom*
(他覚[自覚]症状)

⇨ symptomatic **形** 徴候的な, 前兆となる

139 pore
[pɔ́ɚ]

名 (皮膚・葉などの)細穴; 毛穴, 気孔; **天文** ポア

Bacteria can pass through the *pores* of eggshells.(バクテリアは卵の殻の気孔をも通り抜けられる)

140 permeability
[pɚ̀ːmiəbíləti]

名 浸透[透過]性; **物理** 透磁率

⇨ permeable **形** 浸透[透過]性の

This material is *permeable* to steam but not to water.(この素材は蒸気だ

理系共通語彙

け通して水は通さない)

141 artery
[άɚṭəri]

名 動脈 (⇔ vein)
a cerebral *artery* (大脳動脈)

142 reagent
[riéɪdʒənt]

名 試薬, 試剤; 被験者
a *reagent* bottle (試薬びん)

143 oscillation
[àsəléɪʃən]

名 振動; 発振; 振れ幅
the theoretically predicted frequencies of *oscillations*
(理論的に予想された振動数)

⇨ oscillate 自 (振り子のように) 振動する

As n increases, the sequence *oscillates* between two values.
(nが大きくなったとき, その数列は2つの値の間を振動する)

144 homology
[houmάlədʒi]

名 相同関係; 生物 (異種部分 [器官] の) 相同; 化 同族 (関係); 数 位相合同, ホモロジー

⇨ homologous 形 (性質・割合・比較・位置・構造など) 一致する, 相応する

145 exponential
[èkspənénʃəl]

形 指数の; 指数関数的な
an *exponential* function (指数関数)
exponential expansion of the universe
(宇宙の指数関数的な膨張)

名 数 指数関数

146 hydrolysis
[haɪdrάləsɪs]

名 化 加水分解, 水解
the final products of the *hydrolysis* of proteins
(タンパク質の加水分解の最終産物)

147 dipole
[dáɪpòul]

名 電気 双極子, 二重極; 化 双極分子
a *dipole* antenna (双極子アンテナ)

⇨ dipolar 形 (磁石・分子など) 二 [双] 極性の, 両性の

148 antibiotic
[æntɪbaɪɑ́tɪk]

形 抗生の；抗生物質の
名 (通例複数形で) 抗生物質
treat a patient with *antibiotics*
(患者を抗生物質で治療する)

149 mantle
[mǽntl]

名 [地質] マントル；[生物] 外套 (膜)
mantle convection (マントル対流)
an asbestos *mantle* ((ガスストーブなどの) 石綿のマントル)
他 (もの) をおおう，包む，隠す

150 curvature
[kə́ːvətʃər]

名 [医] (体の器官の) 異常な湾曲；[数] [物理] 曲率，曲度
spinal *curvature* (脊柱の湾曲)
the *curvature* of space ((相対性原理による) 空間曲率，空間のゆがみ)
a second-rank tensor formed by contracting the *curvature* tensor
(曲率テンソルを縮約してできる2階テンソル)

151 secretion 発音
[sɪkríːʃən]

名 分泌 (作用)；分泌物 [液]
hormone *secretion* (ホルモンの分泌)
⇨ secrete 他 を分泌する

152 modulate
[mɑ́dʒʊlèɪt]

他 を調節 [調整] する；(声の高さなど) を変える，
自 [電子] 変調する
⇨ modulation 名 調節，調整，抑揚；[電子] 変調
　analog [digital] *modulation*
　(アナログ [デジタル] 変調)
　amplitude *modulation*
　(振幅変調) ★略 AM
　frequency *modulation*
　(周波数変調) ★略 FM
⇨ modulator 名 [電気] 変調器，モジュレーター

理系共通語彙

153 cardiovascular
[kɑ̀ɚdiouvǽskjulɚ]

形 心(臓)血管の

cardiovascular disease
(心(臓)血管疾患)

the *cardiovascular* system
(循環器系)

154 electrode
[ɪléktroud]

名 電気 電極(棒)

electrode efficiency (電極効率)

the *electrode* potential (電極電位)

an *electrode* probe (電極プローブ)

155 thrust
[θrʌ́st]

名 (急な)押し;突き;機械 推力,スラスト

the *thrust* of an engine
(エンジンの推力)

a *thrust* bearing (スラスト軸受)

a *thrust* fault
(衝上(しょうじょう)[突き上げ]断層)

自他 (を)押す;(を)突く

156 aqueous
[éɪkwiəs]

形 水の(ような);地質 水成の

an *aqueous* solution (水溶液)

the *aqueous* humor ((眼球の)水様液)

aqueous rock (水成岩)

⇨ aqua **名** 水

157 seismic 発音
[sáɪzmɪk]

形 地震の;地震性の

a *seismic* area (震域)

seismic waves (地震波)

158 polynomial
[pɑ̀lɪnóumiəl]

名 数 多項式

形 多項式の

a *polynomial* expression (多項式)

159 oxidative
[ɑ́ksədèɪt̬ɪv]

形 化 酸化の;酸化力のある

⇨ oxidize 他 を酸化させる;をさびつかせる 自 酸化する,さびる

⇨ oxidation **名** 酸化

The *oxidation* reaction took place at room temperature.

（酸化反応は室内温度で起こった）
★oxidant（化 酸化体, オキシダント）/ oxidizing agent（化 酸化剤）

160 transverse
[trænsvə́ːs]

形 横の, 横断する
Whereas sound waves are longitudinal waves, light waves are *transverse* waves.
（音波は縦波だが，光波は横波だ）
a *transverse* artery（解剖 横動脈）
a *transverse* section（横断面）

161 synaptic
[sɪnǽptɪk]

形 生理 シナプスの；生物 シナプシスの
synaptic cleft（シナプス間隙）
synaptic plasticity（シナプス可塑性）
synaptic potential（シナプス電位）
synaptic transmission（シナプス伝達）
⇨ synapse 名 シナプス，神経細胞の接合（部）
⇨ synapsis 名 シナプシス，対合（★複数形は synapses）

162 deposition
[dèpəzíʃən]

名 堆積（物），沈澱（物）；化 析出
⇨ deposit 他 自（を）堆積［沈殿］させる［する］

163 cytoplasmic
[sàɪtəplǽzmɪk]

形 細胞質の
a *cytoplasmic* matrix（細胞質基質）
⇨ cytoplasm 名 生物 細胞質

164 adolescent
[ædəlés(ə)nt]

名 若者，思春期の男子［女子］
形 思春期の，青春の（= teenage）
adolescent problems（思春期の諸問題）
⇨ adolescence 名 思春期

165 fission
[fíʃən]

形 分裂；生物 分裂，分体；核分裂
（= nuclear fission）（⇔ fusion）
the energy released by atomic *fission*
（原子核分裂によって放出されるエネルギー）

理系共通語彙

227

reproduction by *fission*
（分裂繁殖，分体生殖）
[他] に核分裂を起こさせる
[自] 核分裂する

166 **isomer** [áɪsəmɚ]
[名] [化] 異性体；[物理] アイソマー, 異性核, 核異性体（= nuclear isomer）
Optical *isomers* cannot be superposed on each other.（光学異性体は互いに重ね合わせることができない）
⇨ isomeric [形] [化] 異性体の

167 **tract** [trækt]
[名] [解剖] 管, …系, 道；(中枢神経系の) 路, 索；(神経の) 束；(脳髄の) …域
the digestive *tract*（消化管）
the olfactory [optic] *tract*（嗅[視]索）

168 **myosin** [máɪəs(ə)n]
[名] [生化] ミオシン

169 **acetate** [ǽsətèɪt]
[名] [化] 酢酸塩, 酢酸エステル, アセテート
acetate fiber（アセテート繊維）
vinyl *acetate*（酢酸ビニル）

170 **silica** [sílɪkə]
[名] [化] シリカ, 無水ケイ酸
silica gel（シリカゲル）

171 **follicle** [fálɪkl]
[名] [解剖] 小胞, (特に腺組織の) 濾胞 (ろほう)；毛包, 毛穴；[植物] 袋果
follicle-stimulating hormone
（濾胞刺激ホルモン）

172 **pesticide** [péstəsàɪd]
[名] 農薬, 殺虫剤
the ecological impact of *pesticides*
（殺虫剤の生態系への影響）

173 **cortical** [kɔ́ɚṭɪk(ə)l]
[形] 皮質の；皮層の
⇨ cortex [名] [解剖] 皮質；[植物] 皮層
　★複数形は cortices / cortexes
　the adrenal *cortex*（副腎皮質）

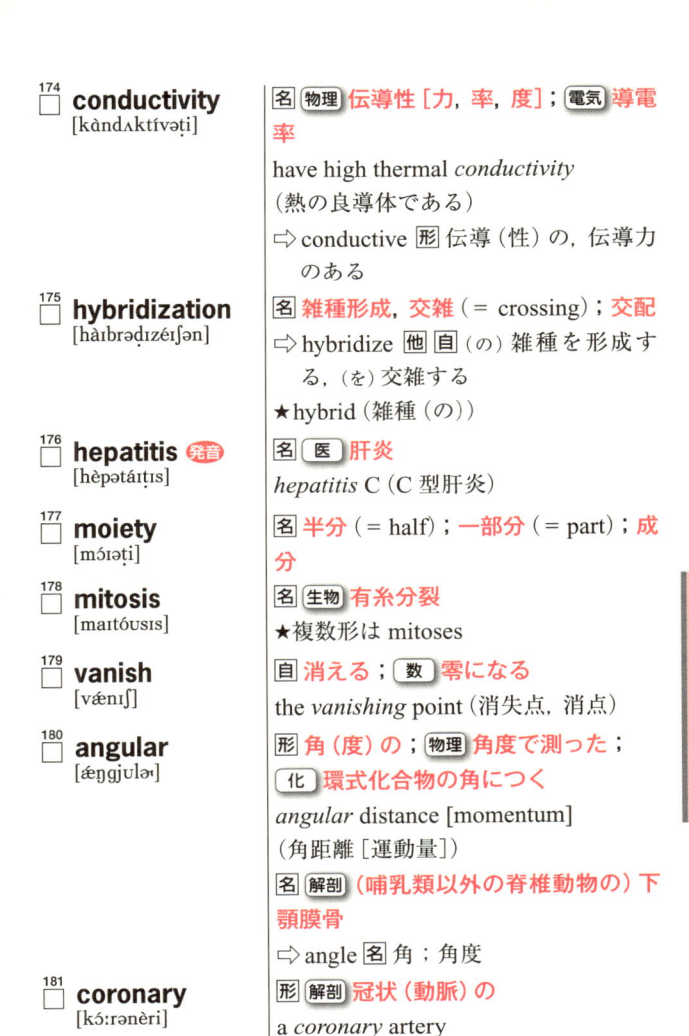

174 conductivity
[kɑ̀ndʌktívəti]

名 物理 伝導性[力, 率, 度]; 電気 導電率

have high thermal *conductivity*
(熱の良導体である)

⇨ conductive 形 伝導(性)の, 伝導力のある

175 hybridization
[hàɪbrədɪzéɪʃən]

名 雑種形成, 交雑(= crossing); 交配

⇨ hybridize 他 自 (の)雑種を形成する, (を)交雑する

★ hybrid (雑種(の))

176 hepatitis 発音
[hèpətáɪtɪs]

名 医 肝炎

hepatitis C (C型肝炎)

177 moiety
[mɔ́ɪəti]

名 半分(= half); 一部分(= part); 成分

178 mitosis
[maɪtóʊsɪs]

名 生物 有糸分裂

★複数形は mitoses

179 vanish
[vǽnɪʃ]

自 消える; 数 零になる

the *vanishing* point (消失点, 消点)

180 angular
[ǽŋgjʊlər]

形 角(度)の; 物理 角度で測った; 化 環式化合物の角につく

angular distance [momentum]
(角距離[運動量])

名 解剖 (哺乳類以外の脊椎動物の)下顎膜骨

⇨ angle 名 角; 角度

181 coronary
[kɔ́:rənèri]

形 解剖 冠状(動脈)の

a *coronary* artery

理系共通語彙

■「消える」の使い分け

vanish：突然, 完全に, 時として原因不明のまま消えてなくなる
disappear：vanish よりも意味が広く, 突然または次第に見えなくなる
fade：鮮明さが徐々に失われて見えなくなる

((心臓の) 冠状動脈)
a *coronary* event (冠動脈発症)
名 [解剖] 冠状 (動脈) 血栓 (症); 心臓発作 (= heart attack)

182 **cardiac**
[káɚdiæk]
形 心臓 (病) の; (胃の) 噴門の
cardiac arrest (心臓停止)
cardiac surgery (心臓外科)
名 強心薬 (= cordial); 心臓病患者

183 **fetal**
[fíːtl]
形 [生物] 胎児の
fetal movements (胎動)
⇨ fetus 名 (妊娠3か月目以降の) 胎児

184 **planar**
[pléɪnɚ]
形 平面の; 二次元の
⇨ plane 名 平面
　plane coordinates (平面座標)

185 **transmembrane**
[trænsmémbreɪn]
形 膜内外の, 経膜的な
a *transmembrane* potential
(膜内外電位差)

186 **sigma**
[sígmə]
名 [数] シグマ; [生化] シグマ因子
(= sigma factor); [物理] シグマ粒子
(= sigma particle)

187 **pneumonia** 発音
[n(j)umóuniə]
名 [医] 肺炎
acute *pneumonia* (急性肺炎)
⇨ pneumonic 形 肺炎の; 肺の
　(= pulmonary)

188 **embryonic**
[èmbriánɪk]
形 胚の (ような); 胎児 [胎芽] の (ような); 未発達の
an *embryonic* stem cell
(胚性幹細胞, ES細胞)
an *embryonic* development (胚発生)
in an *embryonic* stage (発生の初期に)
⇨ embryo 名 [生物] 胚; (受胎後8週以内の) 胎児

189 **impair**
[ɪmpéɚ]
他 (価値・美点・健康など) を減ずる, を害する, を損なう

impair color and definition
(色彩や鮮明度を損なう)
⇨ impairment 名 減損, 損傷；医 欠陥, 障害

190 elongate
[ɪlɔ́ːŋgeɪt]

他 を延長する, を引き延ばす
自 長くなる, 伸長する
The F-actin chain has a polarity: it tends to *elongate* at the plus end and to shorten at the minus end.
(F-アクチンの連鎖には両極性があって, プラス極では伸長し, マイナス極では短縮しようとする傾向がある)
形 生物 伸長した, 細長い
⇨ elongation 名 延長, 伸長；天文 離角 (= digression)

191 dynamics アク
[daɪnǽmɪks]

名 物理 力学；動力学；(複数扱い)(原)動力
rigid-body *dynamics*（剛体力学）
⇨ dynamic 形 動力の, 動的な；物理 (動) 力学 (上) の

192 rotate
[róʊteɪt]

自 (軸を中心として) 回転する；天文 (天体が) 自転する
rotate upon [on] an axis
(軸を中心に回転する)
他 (軸を中心として) を回転させる；農業 を輪作する
rotate crops（作物を輪作する）
形 植物 (花冠などが) 車輪状の
a *rotate* flower
(幅(ふく)状花, 放射状花)
⇨ rotation 名 回転；天文 (天体の) 自転

193 stratify
[strǽtəfaɪ]

他 に層を形成させる, を層状にする
stratified rock（成層岩, 水成岩）
自 層になる

理系共通語彙

⇨ stratification 名 層化；[地質] 成層, 層理

194 diffraction
[dɪfrǽkʃən]

名 [物理] (光線・光波・音波・電波・物質波などの) 回折

a *diffraction* grating ([光] 回折格子)
⇨ diffract 他自 (を) 回折する

195 microbial
[maɪkróʊbiəl]

形 微生物の, 細菌の

ferment by *microbial* action
(微生物の働きによって発酵する)
⇨ microbe 名 微生物, 細菌

196 formulation
[fɔ̀ɚmjuléɪʃən]

名 (計画などを) 組織立てること；(薬などの) 処方, 調合法；調合薬 [製品]

the *formulation* of a hypothesis
(仮説の設定)
⇨ formulate 他 (計画など) を組織立てる；を公式化する；を処方する
 formulate a theorem
 (定理を公式化する)
★ formula ([数][化] 公式, 式 (複数形は formulae / formulas))

197 filament
[fíləmənt]

名 単繊維, フィラメント；[植物] 花糸
⇨ filamentary 形 [植物] 花糸の

198 acidic
[əsídɪk]

形 酸の；酸としてはたらく；酸性の

under weak *acidic* conditions
(弱酸性の条件下で)
⇨ acid 名形 [化] 酸 (性の)
 a monobasic *acid* (一塩基酸)

199 adhesion
[ædhíːʒən]

名 付着 (力), 粘着 (力), 接着；[医] 癒着 (ゆちゃく)；摩擦 (抵抗)

adhesion coefficient (粘着係数)
adhesion between tire surface and the road (タイヤの表面と路面の間の摩擦 (抵抗))

⇨ adhere 自他 (を)付着[癒着]する[させる]

200 **vesicle** [vésɪkl]

名 解剖 動物 小囊 (のう), 小胞; 医 小水疱; 植物 気泡

air *vesicles*（肺胞）
the seminal *vesicles*（精囊）

201 **dendritic** [dendrítɪk]

形 模樹石様の；樹木状の（模様のある）

a *dendritic* cell（樹状細胞）

⇨ dendrite 名 鉱物 模樹石；化 樹枝状結晶；解剖（神経細胞の）樹状突起

202 **obesity** [oʊbíːsəṭi]

名 肥満

⇨ obese 形 肥満した，太りすぎの

203 **polyclonal** [pàliklóʊnl]

形 生物 多クローン（性）の

a *polyclonal* antibody
（多クローン抗体）

204 **magnification** [mæ̀gnəfɪkéɪʃən]

名 拡大；誇張；光 (レンズなどの) 倍率

high *magnification*（高い倍率）

⇨ magnify 他（レンズなどで）を拡大する；を誇張する

205 **quotient** [kwóʊʃənt]

名 数 (割り算の) 商；指数, 比率

a differential *quotient*（微分商[係数]）
an intelligence *quotient*
（知能指数, IQ）
a stress *quotient*
((仕事などから)ストレスを受ける率)

206 **potent** [póʊṭənt]

形 効果[効力]のある

potent narcotic（強い麻酔剤）
Penicillin has proved a *potent* ally in the eradication of disease.
（ペニシリンは病気の撲滅に強力に力を発揮してくれることがわかった）

⇨ potency 名 潜在力；生化 力価；

理系共通語彙

[数] 濃度

207 somatic
[soʊmǽtɪk]

[形] 身体の, 肉体の; [生物] 体の
somatic sensation (体性感覚)
somatic nervous system (体神経系)
⇨ soma [名] [生物] 体

208 abbreviation
[əbrìːviéɪʃən]

[名] 省略; 省略形, 略語; [生物] (個体発生の) 短縮
"DNA" is an *abbreviation* for [of] "deoxyribonucleic acid."
(DNA はデオキシリボ核酸の略語だ)
⇨ abbreviate [他] を省略[短縮]する; [数] を約分する (= reduce)

209 tandem
[tǽndəm]

[形] 縦に連結した, 直列[縦列]の, タンデム…
a *tandem* connection ([電気] タンデム接続, 縦続接続 (= cascade connection))

210 ambient
[ǽmbiənt]

[形] 周囲の [を取り巻く]
ambient air [noise] (周辺の空気[騒音])
[名] 環境

211 torsional
[tɔ́ːrʃ(ə)nəl]

[形] ねじる; ねじれの
⇨ torsion [名] ねじり, ねじれ; [機械] トーション, ねじり力

212 blunt
[blʌ́nt]

[形] (刃先など) 鈍い, なまくらの
(⇔ sharp)
a *blunt* instrument [weapon] (鈍器)
blunt end ([生化] 平滑末端)
[自][他] (を) 鈍くする [なる]

213 chloride
[klɔ́ːraɪd]

[名] [化] 塩化物; 塩化化合物
sodium *chloride*
(塩化ナトリウム, 食塩)
chloride of lime (クロル石灰, さらし粉)

214 dementia
[dɪménʃ(i)ə]

名 認知症
senile *dementia*（老人性認知症）

215 inelastic
[ìnɪlǽstɪk]

形 非弾性の；順応性のない，融通のきかない（⇔ elastic）
a perfectly *inelastic* collision
（完全非弾性衝突）
⇨ inelasticity **名** 弾力［弾性］のないこと；不順応性，非融通性（⇔ elasticity）

216 graft
[grǽft]

名 接ぎ木；[医] 移植（組織）
a skin *graft* on a burnt hand
（やけどした手への皮膚移植；やけどした手に移植された皮膚組織）
他（接ぎ穂）を接ぎ木する；（皮膚・骨など）を（…に）移植する〈onto〉
graft two varieties together
（二つの変種を互いに接ぎ木する）
Skin from his back was *grafted* onto his face.
（彼の背中の皮膚が顔へ移植された）

217 latitude
[lǽtət(j)ùːd]

名 [地理] 緯度；[天文] 黄緯；（通例複数形で）（緯度から見たときの）地方
north [south] *latitude*（北［南］緯）
cold *latitudes*（寒帯地方）

218 transduce
[trænsd(j)úːs]

他（エネルギーなど）を変換する；[生物]（遺伝子など）を形質導入する
⇨ transduction **名**（エネルギーなどの）変換；[生物] 形質導入

理系共通語彙

■「鈍い」の使い分け

dull：物または人が以前の鋭さを失っている，または本来あるべき鋭さを欠いている
blunt：普通 dull と同義であるが，もともと鋭くすることを意図していない場合にいうこともある

219 momentum
[mouméntəm]

名 はずみ, 勢い, 推進力；[物理] 運動量
angular *momentum*（角運動量）
= moment of *momentum*
（運動量モーメント）
conservation of (linear) *momentum*
（運動量保存）

220 pellet
[pélət]

名 球粒,（紙・蝋などを丸めた）小球；固形飼料
food *pellets*（固形飼料）

221 biosynthesis
[bàɪousínθəsɪs]

名 [生化] 生合成
★複数形は biosyntheses
biosynthesis of terpenes
（テルペンの生合成）
⇨ biosynthetic **形** 生合成の
biosynthetic pathway（生合成経路）

222 filtration
[fɪltréɪʃən]

名 濾過（作用）
suction *filtration*（吸引濾過）
a *filtration* plant（浄水場）
⇨ filtrate **自他**（を）濾過する

223 helical
[hélɪk(ə)l]

形 らせん状の
double-*helical*（二重らせんの）
⇨ helix **名** らせん
That particular DNA *helix* is counterclockwise.（その DNA のらせんは左巻きになっている）
⇨ helically **副** らせん状に

224 redox
[ríːdɑks]

名 形 [化] 酸化還元（の）, レドックス（の）（= oxidation-reduction）
redox catalyst
（レドックス触媒, 酸化還元触媒）

225 saline
[séɪliːn]

形 塩分を含んだ；塩気のある, 塩辛い
a *saline* lake（塩水湖）
a *saline* solution（食塩溶液 [水]）

名 食塩水

physiological *saline*(生理食塩水)

226 antioxidant
[æntiáksədənt]

名 酸化防止剤, 抗酸化剤[物質]
形 酸化を抑制する

an *antioxidant* vitamin
(医 抗酸化ビタミン)

★antioxidation (effect)(化 抗酸化(作用))

227 spike
[spáɪk]

名 生理 スパイク;(グラフなどの)スパイク波形, 波形のとがった山;急増, 急騰, 植物 穂(すい)状花序
他 を封ずる, を抑圧する, をつぶす
自 急上昇[降下]する

228 granule
[grǽnju:l]

名 小粒, 細粒, 顆粒;地質 細礫(さいれき);天文 粒状斑

⇨ granular 形 粒(状)の, 顆粒状の

229 unwind
[ʌ̀nwáɪnd]

他 (巻いたもの)を解く, を巻き戻す

unwind a bandage
((固く巻かれた)包帯をほどく)

自 (巻いたものが)解ける, ほどける

230 tether
[téðər]

名 (牛・馬などをつなぐ)つなぎなわ[鎖];限界, 範囲

float on a *tether* outside the space shuttle(命綱をつけてスペースシャトルの外に出る)

his short *tether* of understanding
(彼の知識の乏しさ)

他 (牛・馬)を(…に)つなぎなわ[鎖]でつなぐ〈to〉;を拘束する, を束縛する

tether a horse to a tree(馬を木につなぐ)

231 chloroplast 発音
[klɔ́:rəplæst]

名 植物 葉緑体

★chlorophyll(植物 葉緑素, クロロフィル)

理系共通語彙

232 inlet
[ínlet]

名 入口

a fuel *inlet*（燃料注入口）

an *inlet* valve（吸入バルブ）

233 malignant
[məlígnənt]

形 （病気が）悪性の；悪意［敵意］のある

a *malignant* tumor（悪性腫瘍）

⇔ benign 形 （病気が）良性の

234 lysis
名 [láɪsɪs]
接尾 [-ləsɪs]

名 生物 （細菌・細胞の）溶解, 溶菌, リーシス

★複数形は lyses

接尾 「分解, 溶解（など）」の意の連結形

bacterio*lysis*（細菌分解, 溶菌（作用））

235 distal
[díst(ə)l]

形 遠心の, 末梢（まっしょう）（部）の, 末端の（⇔ proximal）

distal stimuli（遠刺激）

a *distal* convoluted tubule
（解剖 遠位曲尿細管）

236 vapor
[véɪpɚ]

名 蒸気

escape in *vapor*（蒸発する）

water *vapor*（水蒸気）

⇨ vaporous 形 蒸気を出す；蒸気のような

⇨ vaporize 他 自 （を）蒸発［気化］させる［する］

237 device
[dɪváɪs]

名 装置, 機器, 機構；電子 素子；情報 デバイス

a safety *device*（安全装置）

a semiconductor *device*（半導体素子）

238 tensile
[téns(ə)l]

形 引き伸ばすことのできる；張力の

tensile force（張力）

tensile strength
（物理 引っ張り強さ, 抗張力）

tensile stress（物理 引っ張り内力）

⇨ tensility 名 伸長性；張力

239 centrifuge
[séntrəfjùːdʒ]

名 遠心分離機

whirl ... in a *centrifuge*
（…を遠心分離機にかける）

他 を遠心分離機にかける

240 congener
[kándʒənɚ]

名 同じ性質の人，同種のもの；[生物] 同属の動物[植物]；[生化] コンジナー

canaries and their *congeners*
（カナリアとその同属の鳥）

241 proximal
[práksəm(ə)l]

形 （身体・植物の中央[基部]に）近いほうの（⇔ distal）；[歯] 隣接の

a *proximal* (convoluted) tubule
（[解剖] 近位曲(尿)細管）

242 perpendicular
[pɚ̀ːpəndíkjʊlɚ] アク

形 垂直の，直角の，直立した
（= vertical）

a *perpendicular* line（垂直線）

名 垂線；垂直面

⇔ parallel 形 平行な；並列の　名 平行線；緯線

243 perturb
[pɚtɚ́ːb]

他 を混乱させる；（天体）に摂動を起こさせる

Jupiter *perturbs* the motion of other planets.
（木星は惑星の運動に摂動を与える）

244 shrinkage
[ʃríŋkɪdʒ]

名 収縮；縮小，減少

the difference in *shrinkage*
（縮みぐあいの差）

budget *shrinkage*（予算の縮小）

理系共通語彙

■「混乱させる」の使い分け

disturb：精神の正常なはたらきや集中力をじゃまましてかき乱す
discompose：落着きや自信を失わせ，取り乱させる
perturb：深く大きく disturb して不安にする，または驚かす

245 permutation
[pɚːmjʊtéɪʃən]

名 交換, 置換, 並べ換え ; 数 順列

a *permutation* of a 64 bit integer
(64 ビットの整数の置換)

permutation(s) and combination(s)
(順列と組み合わせ)

⇨ permute 他 を並べ換える, の順序を変える

246 quench
[kwéntʃ]

他 を抑える ; を冷やす ; 電子 (真空中の電子流など) を消滅させる ; 物理 (発光・放電) を減少させる

The hot steel is then *quenched* to harden it. (それからその熱した鋼鉄は硬くするために水で冷却される)

247 extrusion
[ɪkstrúːʒən]

名 押し出し ; 吸い出し, 排出 ; 地 (溶岩などの) 噴出 ; 歯 挺 (てい) 出 ; (プラスチックなどの) 押し出し加工

extrusion of proteins from cells
(細胞からのタンパク質の排出)

⇨ extrude 他 を押し出す ; (プラスチックなど) を型から押し出して成形する 自 地 噴出する ; 押し出し成形される

248 virulence
[vírʊləns]

名 有毒 ; 毒性 ; 生物 毒力, 菌力, ビルレンス

⇨ virulent 形 有毒な ; 毒性の強い ; 病原性のある

a *virulent* type of flu
(高病原性インフルエンザ)

249 ramp
[rǽmp]

名 (高さの異なる二つの道路・建物の階などをつなぐ) 斜道, 傾斜路 ; 電子 ランプ

a *ramp* angle (ランプ角度)
a *ramp* wave (ランプ波, 三角波)

250 contour
[kάntʊɚ]

名 (しばしば複数形で) **輪郭, 外形**; 数 **積分路**; 地理 **等高線** (= contour line)

Contours join points of equal height.
(等高線は同じ高さの地点を結ぶものである)

形 **輪郭 [等高] を示す**

a *contour* map (等高線地図)

自 他 **(道路が)(…の) 自然の地形に沿っている**

251 cerebral
[sérəbrəl]

形 解剖 **大脳の; 脳の**

the *cerebral* cortex (大脳皮質)

cerebral ischemia
(医 脳虚血)

⇨ cerebrum 名 解剖 大脳; 脳

252 quantile
[kwάntaɪl]

名 統計 **分位**

★quartile (四分位) / decile (十分位) / percentile (百分位)

a *quantile* plot of effect
(効果の分位点プロット)

253 adiabatic
[æ̀diəbǽtɪk]

形 物理 **断熱的な; 熱の出入りなしに起こる**

an *adiabatic* chart [diagram] (断熱図)

名 **断熱曲線**

254 inflammation
[ìnfləméɪʃən]

名 **炎症; 点火, 発火, 燃焼**

inflammation of the lungs
(肺炎 (= pneumonia))

⇨ inflame 他 自 (に) 炎症を起こす

⇨ inflammatory 形 炎症を起こす, 炎症性の

★inflammable (燃えやすい, 可燃性の) 語頭の in- を「不」を表す接頭辞と誤解し nonflammable (不燃性の) の意と間違えやすいので, 工業用語では

理系共通語彙

flammable を用いる

255 excavation
[èkskəvéɪʃən]

名 穴掘り, 開削；[解剖] 窩 (か)；(歯の) 陥凹 (かんおう)

⇨ excavate 他 に穴を掘る；[歯] を剔刮 (てきかつ) する, を削る 自 穴を掘る；[歯] 陥凹ができる

256 collocate
[kάləkeɪt]

他 を一緒に並べる；を (一定の順序に) 配置 [配列] する

⇨ collocation 名 並置, 配列

257 fungus
[fʌ́ŋgəs]

名 真菌類, 菌類

★複数形は fungi

study the life history of a new *fungus* (新しい菌類の生活史を研究する)

⇨ fungal 形 (真) 菌の [による]

258 dissipation
[dìsəpéɪʃən]

名 [物理] (エネルギーの) 散失, 散逸；消散, 消失

the law of the *dissipation* of energy (エネルギー消滅の法則)

⇨ dissipate 他 (通例受身で) [物理] (エネルギー) を失う, を散逸させる 自 (雲などが) 消散する

259 altitude
[ǽltət(j)ùːd]

名 高さ, 高度；[数] (しばしば an ～で) (三角形などの底辺からの) 高さ

absolute *altitude* ([航空] 絶対高度)

altitude sickness (高山病)

at an [the] *altitude* of ... (…の高度で)

⇨ altitudinal 形 高度の

⇨ altitudinous 形 高い, 高くそびえる

260 asymptotic
[æ̀sɪm(p)tάṭɪk]

形 [数] 漸近的な

an *asymptotic* circle [cone] (漸近円 [円錐])

an *asymptotic* series (漸近級数)

⇨ asymptote 名 [数] 漸近線

261 linkage
[líŋkɪdʒ]

名 結合, 連鎖；[情報] リンク, 連結；[生物] 連鎖, 連関

the chemical *linkages* between the sugars found in carbohydrate chains
（炭水化物鎖中に見いだされるさまざまな糖の間の化学的連結）
⇨ link 他 を連結する；をリンクさせる, を関連づける

262 ablation
[æbléɪʃən]

名 [医] 焼灼術, アブレーション；（侵食・風化による）削摩；[航空] 融除, アブレーション
⇨ ablate 他 自 （を）除去 [切除, 削摩, 融除] する [される]

263 vicinity
[vəsínəti]

名 近くにある [いる] こと, 近接；[数] 近傍（= neighborhood）
in the *vicinity* of ...
（…の近くに；約…, …前後で [の]）

264 buckle
[bʌ́kl]

名 締め金, 尾錠；（板金・のこぎりなどの）ゆがみ, ねじれ（= bulge）
他 自 （を）締め金で留める [締まる]；（を）曲げる [曲がる], （を）ゆがめる [ゆがむ]

265 isotropic
[àɪsətróʊpɪk]

形 等方的な, 等方性の
isotropic background radiation
（等方的な背景放射）
⇨ isotropy 名 [物理] [生物] 等方性

266 reflux 発音
[rí:flʌks]

名 逆流（= regurgitation）；逆流現象 [状態]；[化] 還流
the *reflux* ratio（還流比）
a *reflux* condenser（還流凝縮器）
形 逆流の, 逆流性の
他 を逆流させる；[化] を還流させる

267 cant
[kǽnt]

名 （結晶体・堤防などの）斜面；傾斜；[鉄道] カント

理系共通語彙

自 他 (を)傾く[傾ける]；(を)ひっくり返る[返す] ⟨over⟩

268 drainage
[dréɪnɪdʒ]

名 排水；排水路；下水；医 排液[排膿](法), ドレナージ

a *drainage* canal（排水溝）
drainage work（排水工事）
⇨ drain 他（水など）を排出する； 医 の液[膿]を出す，排液[排膿]する 自 排水される

269 viral
[váɪ(ə)rəl]

形 ウイルス(性)の

a *viral* infection（ウイルス感染）
⇨ virus 名 ウイルス

270 friction
[fríkʃən]

名 摩擦；あつれき, 不和

the coefficient of *friction*
（機械 摩擦係数）
kinetic *friction*（物理（運）動摩擦）
⇨ frictional 形 摩擦の；摩擦によって起こる[動く]

271 bromide
[bróʊmaɪd]

名 化 臭化物

potassium *bromide*（臭化カリウム）
Silver *bromide* is highly insoluble in water.（臭化銀は水中での不溶性がとても高い）
⇨ bromine 名 化 臭素 ★記号 Br

272 tilt
[tílt]

他 を傾かせる
自 傾く

The land *tilts* to the south.
（その土地は南のほうへ傾斜している）
名 傾き, 傾斜
on the *tilt*（傾いて）

273 hemisphere
[hémɪsfìər]

名 半球体；(地球・天球の)半球；解剖（大脳・小脳の）半球

a cerebral *hemisphere*（大脳半球）

274 diagonal
[daɪǽgən(ə)l]

形 **対角線の**
a *diagonal* line (対角線)
a *diagonal* plane (対角面)
名 **対角線, 斜線**
a positive [negative] *diagonal*
(右上がり [右下がり] の斜線)
⇨ diagonally 副 斜めに

275 lobe
[lóʊb]

名 **丸い突出部**; 解剖 **(脳葉・肺葉・肝葉などの) 葉**; 電気 **ローブ**
a *lobe* of the liver (肝葉)
a frontal *lobe* (前頭葉)
⇨ lobed 形 丸い突出部のある

276 digestion
[daɪdʒéstʃən]

名 **消化 (作用); こなれ;** 化 **蒸解, 温浸**
be easy [hard] of *digestion*
(消化がよい [悪い])
⇨ digest 他 を消化する
⇨ digestive 形 消化の; 消化を助ける; 化 蒸解の 名 消化薬

277 inhalation
[ìn(h)əléɪʃən]

名 医 **吸入 (法);** 生理 **吸入**
the *inhalation* of oxygen (酸素吸入)
⇨ inhale 他自 (を) 吸入する, (を) 吸い込む (⇔ exhale)

278 elution
[ɪlúːʃən]

名 化 **溶離, 溶出**
⇨ elute 他 (を) 溶離 [溶出] する

279 phylogenetic
[fàɪloʊdʒənétɪk]

形 **系統発生 (論) の**
phylogenetic classification
(生物 系統発生的分類)
⇨ phylogeny 名 生物 系統発生 (論)

280 dissect
[dɪsékt]

自他 **(を) 切り裂く; (を) 解剖する**
(= anatomize)
⇨ dissection 名 切開; 解剖
a surgical *dissection* (外科的な解剖)

理系共通語彙

281 blockade アク
[blɑkéɪd]

名 [医] 阻害, 遮断
他 を封鎖する；をさえぎる

282 carcass
[kάɚkəs]

名 (獣の) 死体；(特に内臓をとった食用獣の) 胴体；骨組；(タイヤの) カーカス

283 combustion
[kəmbʌ́stʃən]

名 燃焼；[化] (ゆるやかな) 酸化

an internal-*combustion* engine
(内燃機関)

spontaneous *combustion* (自然発火)

284 nutrient
[n(j)úːtriənt]

形 栄養になる (= nutritious)

nutrient salts (栄養塩)

名 栄養分, 養分；栄養素；栄養薬, 滋養剤

Roots imbibe water and *nutrients* from the soil.
(根は土から水と栄養分を吸収する)

285 abundance
[əbʌ́ndəns]

名 豊富, 多量；[物理] 存在比 [度, 量]

isotopic *abundance* (同位体存在比)

⇨ abound 自 (人・ものが) たくさんいる [ある]；(場所などが) (…に) 富む ⟨in, with⟩

⇨ abundant 形 豊富な, あり余るほどの

286 adsorb
[ædsɔ́ɚb]

自 他 (を) 吸着する

★ absorb (を吸収する)

⇨ adsorption 名 吸着 (作用)

⇨ adsorbent 形 吸着性の 名 吸着剤

287 speckle
[spékl]

名 小さなはん点, ぽつ；[光] スペックル, 小斑点

speckle interferometry
([天文] スペックル干渉法)

他 (通例受身で) に小さな斑点をつける

the land *speckled* with houses
(家々の点在する土地)

288 abnormal
[æbnɔ́ːm(ə)l]

形 異常な，普通でない；変則の，変態の（⇔ normal）

an *abnormal* condition（異常な状態）

289 stratum
[stréɪṭəm]

名 地層；層；[生物] (組織の) 薄層 (= lamella)；[統計] 層

★複数形は strata

a volcanic *stratum*（火山性の地層）

290 shaft
[ʃǽft]

名 軸，心棒，[解剖] 骨幹；[動物] (鳥の) 羽幹 (= scape)；[植物] 茎；幹，(エレベーターの) シャフト；[鉱物] 立坑

a *shaft* bearing（軸受）

291 viscous
[vískəs]

形 粘着性の；[物理] 粘性の

a *viscous* body（粘性体）

⇨ viscosity 名 粘着性；[物理] 粘性；粘度

292 gland
[glǽnd]

名 [解剖] 腺；[機械] パッキング押さえ

an endocrine *gland*（内分泌腺）

a lymph *gland*（リンパ腺）

293 leakage
[líːkɪdʒ]

名 漏れ，漏出物；[生物] 漏出現象

radioactive *leakage*（放射能漏れ）

⇨ leak 自 漏る 他 を漏らす

理系共通語彙

■「死体」の使い分け

corpse：特に人間の死体
carcass：通例動物の死体
remains：corpse と同義であるが，格式ばった語
cadaver：特に医学の研究用に供される人間の死体

■「異常な」の使い分け

abnormal：標準・平均からはずれていて，好ましくないという感じ
unusual：めったにあることではないの意味で，よい意味に使われることが多い
extraordinary：好ましい意味で，想像を超え，並はずれている

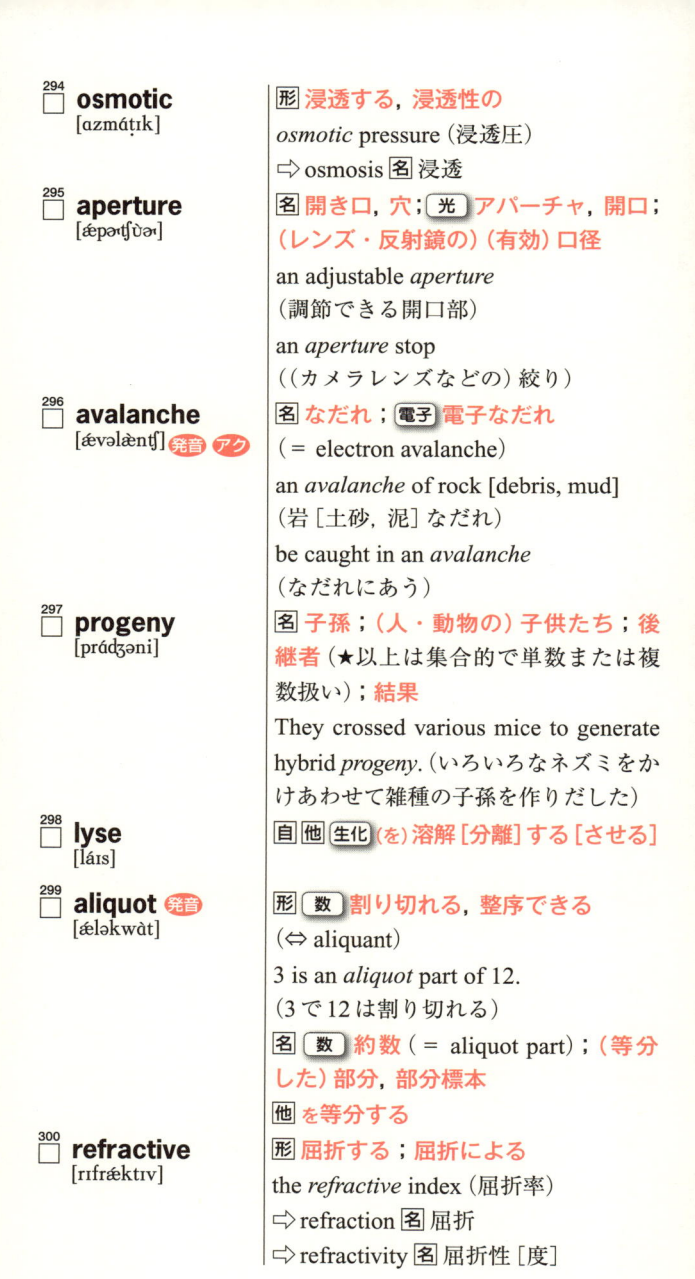

294 osmotic
[ɑzmátɪk]

形 浸透する, 浸透性の
osmotic pressure (浸透圧)
⇨ osmosis 名 浸透

295 aperture
[æpətʃʊə]

名 開き口, 穴; 光 アパーチャ, 開口; (レンズ・反射鏡の)(有効)口径

an adjustable *aperture*
(調節できる開口部)
an *aperture* stop
((カメラレンズなどの)絞り)

296 avalanche
[ævəlæntʃ] 発音 アク

名 なだれ; 電子 電子なだれ
(= electron avalanche)
an *avalanche* of rock [debris, mud]
(岩[土砂, 泥]なだれ)
be caught in an *avalanche*
(なだれにあう)

297 progeny
[prɑ́dʒəni]

名 子孫; (人・動物の)子供たち; 後継者(★以上は集合的で単数または複数扱い); 結果
They crossed various mice to generate hybrid *progeny*. (いろいろなネズミをかけあわせて雑種の子孫を作りだした)

298 lyse
[láɪs]

自 他 生化 (を)溶解[分離]する[させる]

299 aliquot 発音
[ǽləkwɑt]

形 数 割り切れる, 整序できる
(⇔ aliquant)
3 is an *aliquot* part of 12.
(3で12は割り切れる)
名 数 約数(= aliquot part); (等分した)部分, 部分標本
他 を等分する

300 refractive
[rɪfræktɪv]

形 屈折する; 屈折による
the *refractive* index (屈折率)
⇨ refraction 名 屈折
⇨ refractivity 名 屈折性[度]

301 orthogonal
[ɔːθǽgən(ə)l]

形 [数] 直交する
an *orthogonal* function [matrix]（直交関数［行列］）
orthogonal transformation（直交変換）

302 cusp
[kʌ́sp]

名 とがった先, 先端; [数] カスプ, 尖点（せんてん）; [医] 心臓弁膜尖

303 resin
[rézən]

名 樹脂; 合成樹脂
synthetic *resin*（合成樹脂）
他 に樹脂を塗る, を樹脂で処理する
⇨ resinous 形 樹脂（質）の; 樹脂製の; 樹脂を含む

304 steric
[stérɪk]

形 [化] （分子中の）原子の空間的［立体的］配置に関する, 立体の
the *steric* effect（立体効果）
⇨ sterically 副 立体的に

305 cascade
[kæskéɪd]

名 カスケード, 多段（階）; [電気] 縦つなぎ
a *cascade* connection（[電気] 縦続接続）
自 滝のように落ちる〈down, over, to, from〉

306 prognostic
[prɑgnɑ́stɪk]

形 [医] 予後の; 前兆となる
prognostic symptoms
（予後を物語る徴候）
名 前兆, 兆候（= symptom）
⇨ prognosis 名 [医] 予後

307 evaporate
[ɪvǽpərèɪt]

自 蒸発する
Gasoline *evaporates* quickly and easily.
（ガソリンは急速に容易に蒸発する）
他 を蒸発させる
Heat *evaporates* water.
（熱は水を蒸発させる）
名 [地] 蒸発堆積物
⇨ evaporation 名 蒸発

理系共通語彙

⇨ evaporable 形 蒸発可能な[しやすい]

308 truncation
[trʌŋkéɪʃən]

名 先[端]を切ること；[数] 打ち切り；切り捨て

truncation error（打ち切り誤差）

⇨ truncate 他 の先[端]を切る；[数] を打ち切る；を切り捨てる　形 [生物] 切形（せっけい）の，先端を切ったような形の

309 amorphous
[əmɔ́ːrfəs]

形 明確な形のない，不定形の，[生物] [化] 無定形の；[鉱物] 非晶質の

an *amorphous* body（非結晶体）

⇨ amorphously 副 無定形に

⇨ amorphousness 名 無定形

310 foil
[fɔ́ɪl]

名 箔，ホイル

gold [tin] *foil*（金[すず]箔）

他 に箔を敷く，に箔で裏打ちをする；（しばしば受身で）を防ぐ，を妨げる

311 genus
[dʒíːnəs]

名 種類；[生物]（動植物分類上の）属；[数] 種数，示性数

the *genus* Homo（ヒト属）

312 surveillance
[sərvéɪləns]

名 監視；監督；検視的監査，サーベイランス

a *surveillance* satellite（監視衛星）

be kept under *surveillance*（監視される）

313 anhydrous
[ænháɪdrəs]

形 [化] [鉱物] 無水の，無水物の

anhydrous alcohol（無水アルコール）

⇨ anhydride 名 [化] 無水物

314 condensation
[kɑ̀ndenséɪʃən]

名 凝縮，凝結；結露；凝縮物

the *condensation* of steam into water（水蒸気の液化）

⇨ condense 他（液体）を濃縮する，（気体）を凝結させる　自 凝縮する

315 excretion
[ɪkskríːʃən]

名 [生理] 排泄（作用）；排泄物
excretion of urine
（尿の排泄，泌尿（作用））
⇨ excrete 他 自 [生理]（を）排泄する

316 alloy アク
名 [ǽlɔɪ]
動 [əlɔ́ɪ]

名 合金
Brass is an *alloy* of copper and zinc.
（真鍮（しんちゅう）は銅と亜鉛の合金である）
a shape-memory *alloy*
（形状記憶合金）
他（金属）を混ぜて合金にする
alloy silver with copper
（銀に銅を混ぜて合金にする）

317 groove
[grúːv]

名 溝，細長いくぼみ
scratch a *groove*
（ひっかいて線の跡をつける）
groove weld（グルーブ溶接）
他 に溝を彫る［作る］

318 concave
[kɑ̀nkéɪv]

形 くぼんだ，凹（おう）の，凹面の
（⇔ convex）
a *concave* lens（凹レンズ）
a *concave* function（凹関数）
自 他 へこむ；をへこませる

319 immerse
[ɪmə́ːs]

他 を（液体などに）浸す，をつける
Make sure that the electrode is totally *immersed* in the solution.（電極を溶液中にかならず完全に浸しなさい）
⇨ immersion 名（液体などに）浸すこと；[天文] 潜入

320 buoyancy
[bɔ́ɪənsi]

名 浮力；浮揚性；[航空] 静浮力
the center of *buoyancy*
（[物理] 浮力（の）中心，浮心）
This material has great *buoyancy*.
（この物質の浮力は大きい）

理系共通語彙

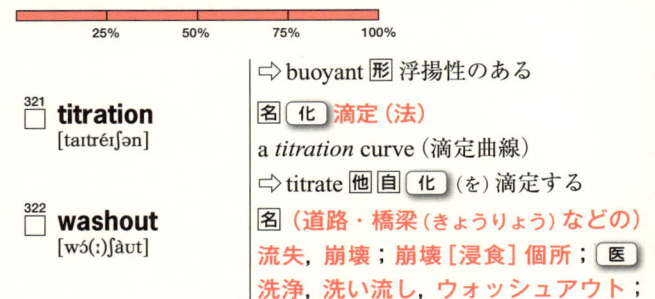

⇨ buoyant 形 浮揚性のある

321 titration
[taɪtréɪʃən]

名 化 滴定(法)
a *titration* curve（滴定曲線）
⇨ titrate 他 自 化 (を)滴定する

322 washout
[wɔ́(ː)ʃàut]

名 (道路・橋梁(きょうりょう)などの)流失, 崩壊；崩壊[浸食]個所；医 洗浄, 洗い流し, ウォッシュアウト；航空 捩(ねじ)り下げ

索　引

A

- [ ] abandonment 168
- [ ] abbreviation 234
- [ ] abide 184
- [ ] ablation 243
- [ ] abnormal 247
- [ ] absorb 109
- [ ] abstraction 121
- [ ] abundance 246
- [ ] accede 191
- [ ] accessible 95
- [ ] accommodate 84
- [ ] accumulation 212
- [ ] accurately 90
- [ ] accusation 178
- [ ] acetate 228
- [ ] acidic 232
- [ ] acquiescence 178
- [ ] activate 98
- [ ] acute 85
- [ ] adaptation 74
- [ ] adhere 159
- [ ] adhesion 232
- [ ] adiabatic 241
- [ ] adjacent 85
- [ ] administer 73
- [ ] adolescent 227
- [ ] adsorb 246
- [ ] adverse 75
- [ ] advocate 81
- [ ] aesthetic 145
- [ ] affective 155
- [ ] affiliation 147
- [ ] affinity 211
- [ ] affirmative 187
- [ ] agenda 71
- [ ] aggregate 49
- [ ] agrarian 151
- [ ] albeit 92
- [ ] algorithm 80
- [ ] alienation 178
- [ ] align 77
- [ ] aliquot 248
- [ ] allege 139
- [ ] allegiance 184
- [ ] alliance 133
- [ ] allocation 62
- [ ] alloy 251
- [ ] allude 174
- [ ] alternative 27
- [ ] altitude 242
- [ ] ambient 234
- [ ] ambiguous 119
- [ ] ambivalence 172
- [ ] amendment 86
- [ ] amino 203
- [ ] amnesty 171
- [ ] amorphous 250
- [ ] amplitude 58
- [ ] analogy 87
- [ ] analytical 66
- [ ] angular 229
- [ ] anhydrous 250
- [ ] anomaly 106
- [ ] anonymous 118

253

☐	antecedent	170	☐ asymptotic	242
☐	antibiotic	225	☐ atom	203
☐	antibody	200	☐ atrocity	177
☐	anticipate	74	☐ attenuate	116
☐	antigen	222	☐ attest	180
☐	antioxidant	237	☐ attorney	150
☐	aperture	248	☐ attribute	33
☐	apparent	48	☐ augment	108
☐	appendix	60	☐ autonomy	103
☐	appreciation	166	☐ avalanche	248
☐	appropriate	32	☐ avatar	135
☐	appropriation	166	☐ awareness	80
☐	approximation	63	☐ axis	213
☐	aqueous	226		
☐	arbitrary	68		

B

☐ arbitration	160	☐ bacterial · 209
☐ arguably	152	☐ ban · 138
☐ aromatic	215	☐ bankruptcy · 175
☐ array	68	☐ basal · 221
☐ artery	224	☐ baseline · 217
☐ articulate	138	☐ bead · 214
☐ artifact	102	☐ benchmark · 102
☐ ascertain	106	☐ beneficial · 87
☐ ascribe	110	☐ bias · 36
☐ aspiration	146	☐ bilateral · 117
☐ assay	200	☐ biosynthesis · 236
☐ assembly	48	☐ bloc · 173
☐ assertion	77	☐ blockade · 246
☐ assess	30	☐ blot · 204
☐ asset	131	☐ blunt · 234
☐ assimilation	121	☐ blur · 192
☐ assumption	23	☐ bond · 43
☐ assure	118	☐ breach · 135
☐ asylum	176	☐ breakdown · 106
☐ asymmetry	100	☐ broaden · 91

- [ ] bromide ... 244
- [ ] buckle ... 243
- [ ] buffer ... 68
- [ ] bulletin ... 185
- [ ] buoyancy ... 251
- [ ] bureau ... 140
- [ ] bureaucratic ... 151

C

- [ ] calibrate ... 125
- [ ] cancer ... 201
- [ ] canonical ... 68
- [ ] cant ... 243
- [ ] capability ... 78
- [ ] capillary ... 221
- [ ] carcass ... 246
- [ ] cardiac ... 230
- [ ] cardinal ... 174
- [ ] cardiovascular ... 226
- [ ] cascade ... 249
- [ ] catalytic ... 212
- [ ] causal ... 130
- [ ] causality ... 192
- [ ] caveat ... 198
- [ ] cavity ... 220
- [ ] cell ... 20
- [ ] centralize ... 159
- [ ] centrifuge ... 239
- [ ] cerebral ... 241
- [ ] chancellor ... 181
- [ ] charter ... 133
- [ ] chip ... 214
- [ ] chloride ... 234
- [ ] chloroplast ... 237
- [ ] chromosome ... 201
- [ ] chronic ... 214
- [ ] cite ... 128
- [ ] clan ... 180
- [ ] clarify ... 78
- [ ] clause ... 132
- [ ] cleavage ... 69
- [ ] clinical ... 209
- [ ] clone ... 209
- [ ] cluster ... 35
- [ ] coalition ... 132
- [ ] codify ... 150
- [ ] coefficient ... 35
- [ ] coercion ... 153
- [ ] cognitive ... 53
- [ ] coherent ... 72
- [ ] cohort ... 62
- [ ] coincide ... 70
- [ ] collaboration ... 89
- [ ] colleague ... 73
- [ ] collocate ... 242
- [ ] combustion ... 246
- [ ] commission ... 51
- [ ] commitment ... 58
- [ ] commodity ... 102
- [ ] communal ... 185
- [ ] compatible ... 86
- [ ] compensate ... 88
- [ ] competence ... 94
- [ ] compile ... 169
- [ ] complementary ... 79
- [ ] compliance ... 63
- [ ] component ... 201
- [ ] compound ... 38
- [ ] comprehensive ... 66
- [ ] comprise ... 58

☐ compromise ……… 84	☐ construct ……… 25
☐ concave ……… 251	☐ contamination ……… 122
☐ conceive ……… 95	☐ contend ……… 143
☐ concentration ……… 201	☐ context ……… 20
☐ conceptual ……… 58	☐ contingent ……… 143
☐ conclusion ……… 24	☐ continuation ……… 163
☐ concur ……… 155	☐ continuum ……… 90
☐ condensation ……… 250	☐ contour ……… 241
☐ conduct ……… 25	☐ contraction ……… 82
☐ conductivity ……… 229	☐ contradiction ……… 77
☐ confederation ……… 157	☐ contrast ……… 19
☐ confer ……… 147	☐ contravene ……… 197
☐ confidential ……… 186	☐ contribution ……… 27
☐ configuration ……… 54	☐ controversial ……… 113
☐ confine ……… 82	☐ convection ……… 216
☐ confirm ……… 36	☐ conventional ……… 51
☐ conflict ……… 40	☐ convergence ……… 64
☐ conform ……… 124	☐ conversely ……… 79
☐ confound ……… 112	☐ convex ……… 217
☐ confrontation ……… 160	☐ convey ……… 108
☐ congener ……… 239	☐ convict ……… 153
☐ congress ……… 130	☐ coordinate ……… 52
☐ conjecture ……… 89	☐ core ……… 31
☐ conjugate ……… 213	☐ corollary ……… 112
☐ consecutive ……… 121	☐ coronary ……… 229
☐ consensus ……… 62	☐ corps ……… 161
☐ consequence ……… 28	☐ corpus ……… 93
☐ conserve ……… 207	☐ correlation ……… 32
☐ considerable ……… 55	☐ correspond ……… 21
☐ consistent ……… 21	☐ corruption ……… 154
☐ consolidate ……… 165	☐ cortical ……… 228
☐ conspiracy ……… 182	☐ counterpart ……… 70
☐ constant ……… 201	☐ covariate ……… 115
☐ constituent ……… 76	☐ covenant ……… 185
☐ constraint ……… 38	☐ credibility ……… 152

☐ criterion	34	☐ denote	37
☐ critique	140	☐ density	31
☐ cross-sectional	97	☐ dependence	54
☐ crucial	52	☐ depict	64
☐ crystal	206	☐ depletion	220
☐ culminate	196	☐ deploy	125
☐ culture	24	☐ deposition	227
☐ cumulative	83	☐ derive	25
☐ curvature	225	☐ derogation	197
☐ cusp	249	☐ designate	63
☐ cytoplasmic	227	☐ detain	175
		☐ detection	213
D		☐ detention	146
		☐ determinant	71
☐ dataset	103	☐ deterrence	164
☐ decomposition	218	☐ deviation	42
☐ decree	149	☐ device	238
☐ dedicate	177	☐ devise	119
☐ deem	142	☐ diabetes	220
☐ default	113	☐ diagnostic	117
☐ defect	72	☐ diagonal	245
☐ defendant	129	☐ diameter	210
☐ deference	136	☐ dichotomy	165
☐ deficiency	113	☐ dictate	190
☐ definition	22	☐ dictum	194
☐ deformation	205	☐ didactic	181
☐ degradation	210	☐ differentiate	62
☐ delegation	137	☐ diffraction	232
☐ deliberation	155	☐ diffusion	69
☐ delineate	122	☐ digestion	245
☐ delusion	157	☐ dilute	94
☐ dementia	235	☐ dimension	30
☐ demise	191	☐ diminish	72
☐ demographic	74	☐ diplomacy	175
☐ demonstrate	20	☐ dipole	224
☐ dendritic	233		

- directive ········· 134
- discern ·········· 123
- discharge ········ 217
- disciple ········· 154
- disclose ········· 114
- discontinuity ····· 124
- discourse ········· 47
- discrepancy ······· 93
- discrete ·········· 67
- discrimination ···· 90
- discursive ······· 198
- dismantle ········ 190
- dismissal ········ 186
- disorder ········· 214
- disperse ········· 114
- displacement ····· 211
- disposition ······ 162
- dispute ·········· 129
- disrupt ··········· 90
- dissect ·········· 245
- dissemination ···· 122
- dissent ·········· 137
- dissipation ······ 242
- dissociation ····· 111
- dissolution ······ 121
- distal ··········· 238
- distinct ··········· 35
- distortion ········ 96
- distribution ······· 18
- divergence ······· 104
- diversity ·········· 61
- doctrine ········· 130
- domain ··········· 31
- domicile ········· 177
- dominant ·········· 48
- donate ··········· 193
- dose ············· 202
- draft ············ 135
- drainage ········· 244
- duality ·········· 121
- dubious ·········· 194
- duplication ······ 220
- dyad ············· 120
- dynamics ········· 231
- dynasty ·········· 151

E

- ecosystem ········ 104
- efficacy ··········· 77
- efficiently ······ 115
- elaborate ·········· 91
- electorate ······· 162
- electrode ········ 226
- electron ·········· 42
- elicit ············· 88
- eligible ········· 108
- elimination ······ 108
- elongate ········· 231
- elution ·········· 245
- embed ············· 56
- embody ··········· 144
- embryonic ········ 230
- emerge ············ 44
- emission ·········· 50
- emphasize ········· 55
- empirical ········· 39
- empower ·········· 164
- enact ············ 136
- encode ··········· 207
- encompass ········· 85

☐ endanger 151	☐ evolutionary 89
☐ endeavor 123	☐ excavation 242
☐ endogenous 65	☐ exclusively 166
☐ endorse 111	☐ excretion 251
☐ endowment 179	☐ executive 128
☐ enforcement 132	☐ exemplary 195
☐ engender 160	☐ exemplify 116
☐ enhance 34	☐ exemption 156
☐ enlightenment 150	☐ exert 174
☐ enrich 104	☐ exhibit 37
☐ ensue 179	☐ exogenous 89
☐ ensure 37	☐ experimentally 222
☐ entail 74	☐ explicit 54
☐ entitle 137	☐ exploit 75
☐ entity 90	☐ exponential 224
☐ entrench 169	☐ expose 46
☐ envisage 173	☐ expressly 145
☐ epistemic 182	☐ extant 165
☐ equation 24	☐ external 39
☐ equilibrium 33	☐ extinction 109
☐ equity 117	☐ extract 57
☐ equivalent 40	☐ extrusion 240
☐ erode 188	
☐ erroneous 167	**F**
☐ eschew 198	☐ facilitate 46
☐ esoteric 140	☐ faction 172
☐ estimate 17	☐ factor 16
☐ ethanol 222	☐ faculty 153
☐ ether 216	☐ feasible 83
☐ ethic 103	☐ feature 21
☐ evaluate 31	☐ fertility 161
☐ evaporate 249	☐ fetal 230
☐ eventual 181	☐ fiber 209
☐ evident 55	☐ fibroblast 216
☐ evoke 91	☐ filament 232

☐ filtration	236		☐ generic	100
☐ finite	54		☐ genetic	55
☐ fiscal	148		☐ genocide	166
☐ fission	227		☐ genome	204
☐ flaw	174		☐ genotype	219
☐ fluctuation	78		☐ genus	250
☐ fluorescence	208		☐ geometric	214
☐ flux	210		☐ gland	247
☐ focal	142		☐ governance	134
☐ foil	250		☐ gradient	206
☐ follicle	228		☐ graft	235
☐ foremost	194		☐ grant	132
☐ forensic	174		☐ granule	237
☐ forge	176		☐ grate	188
☐ formative	163		☐ grievance	192
☐ formulation	232		☐ groove	251
☐ foster	105			
☐ fraction	49		**H**	
☐ fragment	59		☐ habitat	141
☐ framework	30		☐ harassment	139
☐ franchise	182		☐ hazardous	152
☐ fraud	138		☐ hegemony	176
☐ friction	244		☐ helical	236
☐ frustrate	185		☐ hemisphere	244
☐ function	16		☐ hence	24
☐ fund	38		☐ hepatitis	229
☐ fungus	242		☐ heterogeneity	65
☐ furthermore	32		☐ hierarchy	71
☐ fusion	207		☐ homeostasis	222
			☐ homicide	164
G			☐ homogeneous	85
☐ garner	191		☐ homology	224
☐ gauge	112		☐ hybridization	229
☐ genealogy	154		☐ hydrolysis	224
☐ generalize	66		☐ hydrophobic	220

- [ ] hyperbolic 183
- [ ] hypothesis 22

I

- [ ] ibid 133
- [ ] ideological 133
- [ ] idiosyncratic 148
- [ ] illuminate 107
- [ ] immerse 251
- [ ] immunity 114
- [ ] impair 230
- [ ] imperative 179
- [ ] implement 40
- [ ] implicate 92
- [ ] implicit 69
- [ ] imply 23
- [ ] impose 131
- [ ] imprint 145
- [ ] incentive 62
- [ ] incident 80
- [ ] incline 171
- [ ] incorporate 50
- [ ] incremental 102
- [ ] incubation 208
- [ ] incumbent 145
- [ ] incur 112
- [ ] indicate 16
- [ ] indictment 180
- [ ] indifferent 168
- [ ] indigenous 144
- [ ] individual 16
- [ ] induce 35
- [ ] inelastic 235
- [ ] infect 219
- [ ] inference 81

- [ ] inflammation 241
- [ ] informative 182
- [ ] infrastructure 108
- [ ] infringement 158
- [ ] inhalation 245
- [ ] inherent 68
- [ ] inhibit 77
- [ ] initial 26
- [ ] injection 211
- [ ] inlet 238
- [ ] innovation 81
- [ ] input 205
- [ ] inscription 149
- [ ] inset 222
- [ ] instantiate 112
- [ ] intact 70
- [ ] intake 211
- [ ] intangible 144
- [ ] integer 218
- [ ] integrate 51
- [ ] intensity 40
- [ ] interaction 17
- [ ] interface 212
- [ ] interim 148
- [ ] interpretation 30
- [ ] intersect 122
- [ ] interval 203
- [ ] intervention 35
- [ ] intestinal 217
- [ ] intracellular 216
- [ ] intrinsic 60
- [ ] intrigue 119
- [ ] intuition 104
- [ ] invariant 97
- [ ] inventory 121

- [ ] inversion 215
- [ ] investigate 32
- [ ] invoke 83
- [ ] involve 17
- [ ] irony 158
- [ ] irradiation 220
- [ ] isolate 48
- [ ] isomer 228
- [ ] isotropic 243
- [ ] issue 18
- [ ] iterative 116

J

- [ ] jeopardy 192
- [ ] judicial 128
- [ ] jurisdiction 128
- [ ] jurisprudence 140
- [ ] justify 65

K

- [ ] kinetic 83

L

- [ ] lag 178
- [ ] laser 207
- [ ] latent 117
- [ ] lateral 218
- [ ] latitude 235
- [ ] lattice 88
- [ ] lawsuit 161
- [ ] layer 48
- [ ] leakage 247
- [ ] legislative 129
- [ ] legitimacy 132
- [ ] lemma 68
- [ ] leverage 143
- [ ] levy 197
- [ ] liability 133
- [ ] ligand 205
- [ ] lineage 81
- [ ] linear 203
- [ ] linkage 243
- [ ] lipid 206
- [ ] literacy 93
- [ ] litigation 142
- [ ] lobby 176
- [ ] lobe 245
- [ ] localization 208
- [ ] locus 76
- [ ] logical 102
- [ ] logistic 99
- [ ] longitudinal 95
- [ ] lyse 248
- [ ] lysis 238

M

- [ ] macrophage 222
- [ ] magnetic 203
- [ ] magnification 233
- [ ] magnitude 210
- [ ] maintain 29
- [ ] malignant 238
- [ ] mammalian 216
- [ ] mandate 92
- [ ] manifest 146
- [ ] manifestation 97
- [ ] manifold 213
- [ ] manipulation 190
- [ ] mantle 225
- [ ] marginal 61

- [ ] marital ... 168
- [ ] massacre ... 183
- [ ] massive ... 111
- [ ] matrix ... 44
- [ ] median ... 53
- [ ] mediate ... 51
- [ ] membrane ... 201
- [ ] mentor ... 167
- [ ] merge ... 86
- [ ] metabolism ... 218
- [ ] methodology ... 60
- [ ] metric ... 211
- [ ] microbial ... 232
- [ ] microscopy ... 217
- [ ] mitigate ... 120
- [ ] mitochondrial ... 213
- [ ] mitosis ... 229
- [ ] modify ... 44
- [ ] modulate ... 225
- [ ] module ... 208
- [ ] moiety ... 229
- [ ] moisture ... 214
- [ ] molecule ... 65
- [ ] momentum ... 236
- [ ] monitor ... 40
- [ ] morale ... 177
- [ ] morphology ... 94
- [ ] mortality ... 206
- [ ] motif ... 208
- [ ] mourn ... 196
- [ ] multilateral ... 148
- [ ] multivariate ... 109
- [ ] municipal ... 198
- [ ] mutation ... 200
- [ ] mutually ... 110
- [ ] myocardial ... 218
- [ ] myosin ... 228

N

- [ ] narrative ... 130
- [ ] negligible ... 103
- [ ] neuron ... 202
- [ ] node ... 208
- [ ] norm ... 54
- [ ] notation ... 101
- [ ] noteworthy ... 108
- [ ] notion ... 33
- [ ] novel ... 49
- [ ] novice ... 191
- [ ] nucleus ... 216
- [ ] null ... 75
- [ ] nutrient ... 246

O

- [ ] obesity ... 233
- [ ] occurrence ... 58
- [ ] ongoing ... 152
- [ ] oppress ... 168
- [ ] optimal ... 50
- [ ] oracle ... 187
- [ ] ordinance ... 192
- [ ] organic ... 215
- [ ] orientation ... 46
- [ ] orthodoxy ... 179
- [ ] orthogonal ... 249
- [ ] oscillation ... 224
- [ ] osmotic ... 248
- [ ] outcome ... 22
- [ ] outset ... 181
- [ ] outweigh ... 187

- [ ] override ···· 160
- [ ] overt ···· 178
- [ ] overview ···· 124
- [ ] overwhelm ···· 165
- [ ] oxidative ···· 226

P

- [ ] paradigm ···· 74
- [ ] paradox ···· 97
- [ ] parameter ···· 20
- [ ] parenthesis ···· 110
- [ ] parity ···· 196
- [ ] partisan ···· 139
- [ ] patent ···· 67
- [ ] pathway ···· 204
- [ ] patronage ···· 142
- [ ] payoff ···· 135
- [ ] pedagogy ···· 138
- [ ] pellet ···· 236
- [ ] pend ···· 194
- [ ] penetrate ···· 120
- [ ] pension ···· 139
- [ ] perceive ···· 29
- [ ] percentile ···· 115
- [ ] periodic ···· 110
- [ ] peripheral ···· 96
- [ ] permeability ···· 223
- [ ] permissible ···· 189
- [ ] permutation ···· 240
- [ ] perpendicular ···· 239
- [ ] perpetrator ···· 178
- [ ] perpetual ···· 190
- [ ] persist ···· 87
- [ ] perspective ···· 41
- [ ] pertain ···· 155
- [ ] perturb ···· 239
- [ ] pervasive ···· 196
- [ ] pesticide ···· 228
- [ ] petroleum ···· 161
- [ ] phase ···· 22
- [ ] phenomenon ···· 42
- [ ] phenotype ···· 209
- [ ] phylogenetic ···· 245
- [ ] pillar ···· 150
- [ ] placebo ···· 88
- [ ] plaintiff ···· 136
- [ ] planar ···· 230
- [ ] plasma ···· 202
- [ ] plasmid ···· 204
- [ ] plateau ···· 222
- [ ] plausible ···· 79
- [ ] plea ···· 130
- [ ] pledge ···· 189
- [ ] plenary ···· 162
- [ ] plot ···· 204
- [ ] pneumonia ···· 230
- [ ] polarization ···· 88
- [ ] polyclonal ···· 233
- [ ] polymer ···· 223
- [ ] polynomial ···· 226
- [ ] pore ···· 223
- [ ] portfolio ···· 161
- [ ] posit ···· 145
- [ ] posterior ···· 120
- [ ] postulate ···· 98
- [ ] potent ···· 233
- [ ] potential ···· 18
- [ ] practitioner ···· 97
- [ ] pragmatic ···· 109
- [ ] preamble ···· 195

- [ ] precede ··············· 56
- [ ] precept ··············· 162
- [ ] precipitate ··············· 101
- [ ] precision ··············· 98
- [ ] preclude ··············· 95
- [ ] precursor ··············· 219
- [ ] predecessor ··············· 170
- [ ] predicate ··············· 60
- [ ] predict ··············· 26
- [ ] predominantly ··············· 81
- [ ] preliminary ··············· 74
- [ ] premise ··············· 69
- [ ] prerogative ··············· 184
- [ ] prescribe ··············· 86
- [ ] presidency ··············· 188
- [ ] prestige ··············· 153
- [ ] presumably ··············· 66
- [ ] presuppose ··············· 154
- [ ] prevail ··············· 92
- [ ] previous ··············· 22
- [ ] primer ··············· 209
- [ ] priority ··············· 82
- [ ] privatization ··············· 148
- [ ] probe ··············· 67
- [ ] procedure ··············· 20
- [ ] proclaim ··············· 162
- [ ] profound ··············· 103
- [ ] progeny ··············· 248
- [ ] prognostic ··············· 249
- [ ] progression ··············· 221
- [ ] project ··············· 26
- [ ] proliferation ··············· 84
- [ ] prominent ··············· 67
- [ ] promulgate ··············· 171
- [ ] propagate ··············· 107
- [ ] propensity ··············· 88
- [ ] proponent ··············· 147
- [ ] proportion ··············· 42
- [ ] proposition ··············· 28
- [ ] proprietary ··············· 147
- [ ] prosecutor ··············· 133
- [ ] prospective ··············· 90
- [ ] protagonist ··············· 152
- [ ] protein ··············· 200
- [ ] protocol ··············· 49
- [ ] proton ··············· 210
- [ ] provisional ··············· 167
- [ ] proximal ··············· 239
- [ ] pulse ··············· 204
- [ ] punitive ··············· 197
- [ ] purify ··············· 203
- [ ] purport ··············· 167
- [ ] pursuit ··············· 125
- [ ] putative ··············· 97

Q

- [ ] quadratic ··············· 104
- [ ] qualitative ··············· 79
- [ ] quantile ··············· 241
- [ ] quantitative ··············· 66
- [ ] quantum ··············· 58
- [ ] quench ··············· 240
- [ ] questionnaire ··············· 69
- [ ] quote ··············· 134
- [ ] quotient ··············· 233

R

- [ ] radial ··············· 221
- [ ] radiation ··············· 217
- [ ] radical ··············· 134

- ramp ... 240
- randomly ... 75
- range ... 18
- ratify ... 156
- ratio ... 28
- rational ... 57
- reaction ... 26
- readiness ... 156
- reagent ... 224
- recall ... 45
- receptor ... 201
- reciprocity ... 117
- recollection ... 171
- reconcile ... 163
- recourse ... 96
- redemption ... 189
- redox ... 236
- redress ... 183
- reference ... 25
- referendum ... 160
- referral ... 150
- reflux ... 243
- refractive ... 248
- refrain ... 186
- refute ... 193
- regime ... 44
- region ... 18
- regression ... 35
- regulatory ... 50
- reinforce ... 72
- relevant ... 28
- reliable ... 76
- render ... 70
- replicate ... 76
- repression ... 121
- reproductive ... 97
- rescind ... 194
- reservoir ... 116
- residual ... 70
- resin ... 249
- resistant ... 99
- resolution ... 36
- resonance ... 80
- resource ... 29
- respondent ... 42
- restore ... 73
- restraint ... 107
- restrict ... 45
- retailer ... 167
- retain ... 53
- retrieve ... 122
- retrospective ... 100
- reveal ... 22
- revenue ... 136
- revise ... 146
- revive ... 188
- revolt ... 186
- rigidity ... 116
- rigorous ... 110
- robust ... 64
- rotate ... 231
- rupture ... 52

S

- salient ... 125
- saline ... 236
- sanction ... 136
- saturate ... 219
- scaffold ... 223
- scheme ... 37

- [ ] scope ············· 131
- [ ] scripture ············· 161
- [ ] scrutiny ············· 147
- [ ] secretion ············· 225
- [ ] secular ············· 176
- [ ] sediment ············· 61
- [ ] seemingly ············· 153
- [ ] segment ············· 43
- [ ] segregation ············· 94
- [ ] seismic ············· 226
- [ ] seizure ············· 150
- [ ] seniority ············· 154
- [ ] sequence ············· 34
- [ ] sermon ············· 191
- [ ] shaft ············· 247
- [ ] shear ············· 203
- [ ] shrinkage ············· 239
- [ ] sic ············· 99
- [ ] sigma ············· 230
- [ ] significant ············· 17
- [ ] silica ············· 228
- [ ] simulate ············· 78
- [ ] simultaneous ············· 92
- [ ] solicitor ············· 151
- [ ] solidarity ············· 168
- [ ] soluble ············· 223
- [ ] solvent ············· 205
- [ ] somatic ············· 234
- [ ] sophisticate ············· 118
- [ ] sovereignty ············· 135
- [ ] spatial ············· 42
- [ ] species ············· 30
- [ ] specify ············· 50
- [ ] specimen ············· 211
- [ ] speckle ············· 246
- [ ] spectroscopy ············· 222
- [ ] spectrum ············· 46
- [ ] speculate ············· 105
- [ ] sphere ············· 58
- [ ] spike ············· 237
- [ ] spindle ············· 214
- [ ] spontaneously ············· 123
- [ ] spore ············· 213
- [ ] stable ············· 47
- [ ] stakeholder ············· 131
- [ ] standardize ············· 76
- [ ] stark ············· 196
- [ ] stationary ············· 101
- [ ] statistical ············· 44
- [ ] statute ············· 128
- [ ] steric ············· 249
- [ ] stigma ············· 142
- [ ] stimulate ············· 206
- [ ] stochastic ············· 97
- [ ] strain ············· 200
- [ ] strategy ············· 19
- [ ] stratify ············· 231
- [ ] stratum ············· 247
- [ ] stress ············· 26
- [ ] structurally ············· 117
- [ ] subjective ············· 100
- [ ] subsequently ············· 56
- [ ] substantively ············· 192
- [ ] substrate ············· 201
- [ ] subtle ············· 98
- [ ] sufficient ············· 42
- [ ] superintendent ············· 182
- [ ] supplementation ············· 120
- [ ] suppression ············· 92
- [ ] supremacy ············· 173

- [ ] surrogate 165
- [ ] surveillance 250
- [ ] survey 31
- [ ] susceptibility 84
- [ ] sustain 61
- [ ] symptom 223
- [ ] synaptic 227
- [ ] synchrony 102
- [ ] syndrome 220
- [ ] synthesis 60
- [ ] systemic 94

T

- [ ] tacit 158
- [ ] taint 157
- [ ] tandem 234
- [ ] tariff 180
- [ ] telomere 200
- [ ] tenet 181
- [ ] tensile 238
- [ ] tenure 149
- [ ] terminology 112
- [ ] testimony 156
- [ ] tether 237
- [ ] theorem 51
- [ ] theoretical 33
- [ ] thereby 53
- [ ] thermal 208
- [ ] thesis 64
- [ ] threshold 59
- [ ] thrust 226
- [ ] tilt 244
- [ ] tissue 202
- [ ] titration 252
- [ ] tolerance 96
- [ ] torsional 234
- [ ] toxic 115
- [ ] tract 228
- [ ] trait 57
- [ ] transcend 164
- [ ] transcription 203
- [ ] transduce 235
- [ ] transformation 41
- [ ] transient 98
- [ ] transition 39
- [ ] transmembrane 230
- [ ] transparent 124
- [ ] transplantation 220
- [ ] transverse 227
- [ ] treatise 142
- [ ] treaty 128
- [ ] tribal 136
- [ ] tribunal 130
- [ ] trigger 47
- [ ] trivial 114
- [ ] truncation 250
- [ ] turnout 184

U

- [ ] ultimately 60
- [ ] underlie 43
- [ ] undermine 136
- [ ] underpin 160
- [ ] undue 170
- [ ] uniformly 101
- [ ] unify 141
- [ ] unilateral 139
- [ ] uniquely 111
- [ ] unwind 237
- [ ] uphold 141

- [ ] uptake ········· 211
- [ ] utilization ········· 125

V

- [ ] valid ········· 64
- [ ] vanish ········· 229
- [ ] vapor ········· 238
- [ ] variable ········· 16
- [ ] vascular ········· 220
- [ ] vector ········· 50
- [ ] vein ········· 212
- [ ] velocity ········· 52
- [ ] verbal ········· 106
- [ ] verdict ········· 172
- [ ] verify ········· 71
- [ ] vernacular ········· 172
- [ ] vertex ········· 216
- [ ] vertical ········· 56
- [ ] vesicle ········· 233
- [ ] vest ········· 158
- [ ] veto ········· 138
- [ ] viable ········· 100
- [ ] vicinity ········· 243
- [ ] viral ········· 244
- [ ] virtually ········· 81
- [ ] virulence ········· 240
- [ ] vis-à-vis ········· 191
- [ ] viscous ········· 247
- [ ] vital ········· 104
- [ ] void ········· 157
- [ ] volatile ········· 115
- [ ] voluntarily ········· 185
- [ ] vulnerable ········· 114

W

- [ ] warrant ········· 140
- [ ] washout ········· 252
- [ ] wavelength ········· 221
- [ ] whereby ········· 189
- [ ] writ ········· 180

京都大学英語学術語彙研究グループ

代表・監修　田地野　彰
　　　　　　金丸　敏幸
　　　　　　中川　勝吾

協力者　桂山　康司
　　　　David Dalsky
　　　　Timothy Stewart
　　　　Craig Smith
　　　　寺内　一
　　　　笹尾　洋介
　　　　マスワナ　紗矢子
　　　　山田　浩

KENKYUSHA
<検印省略>

京大・学術語彙データベース
基本英単語1110

2009年 6月20日　初版発行
2024年10月11日　19刷発行

■ 著者 ■

京都大学英語学術語彙研究グループ＋研究社

■ 発行者 ■

吉田尚志

■ 発行所 ■

株式会社　研究社
〒102-8152　東京都千代田区富士見2-11-3
電話　営業　03-3288-7777（代）　編集　03-3288-7711（代）
振替　00150-9-26710
https://www.kenkyusha.co.jp/

■ 印刷所 ■

TOPPANクロレ株式会社

■ 装丁 ■

籠宮芳江

■ 編集協力・組版 ■

株式会社シー・レップス

ISBN978-4-327-45221-6　C7082　Printed in Japan

京都大学英語学術語彙データベースの著作権は，京都大学に帰属します。